Der Dienst des Psalmisten

Der Psalmist

Tom Inglis

Titel der Originalausgabe: The Ministry of the Psalmist / German

Aus dem Englischen übersetzt

ISBN 3-924054-37-1

1. Auflage, Juli 1989

Die Bibelstellen sind in der Regel
der Schlachter-Übersetzung entnommen.

Hebräische und griechische Worterklärungen entstammen dem
"Vine's Expository Dictionary of New Testament Words"
und der "Strong's Exhaustive Concordance"

Printed in Germany

Herstellung
Satz: Wort des Glaubens, Verlags-GmbH · Treiber-Offset, München
Druck: J. Adolf Schwarz, Lindenberg/Allgäu

Inhaltsverzeichnis

Widmung

Dieses Buch ist meiner Frau Barbara und meinen Kindern Kirsty, David und Andrew gewidmet, die ein unschätzbarer Segen für mich sind. Ich liebe Euch und schätze Eure Treue und Unterstützung bei der Aufgabe, die Gott mir gegeben hat.

Anerkennung

Pastor Ray McCauley, der mir die Freiheit gewährte, unter seiner pastoralen Betreuung meinen Dienst als Psalmist zu entwickeln. Die Achtung und die Ermutigung, die er mir als langjährigem Lobpreisleiter der Rhema-Bibel-Gemeinde in Johannesburg zuteil werden ließ, haben zum Entstehen dieses Buches beigetragen.

Dank

Ich danke Gill Burill für ihre Hingabe bei der Zusammenstellung dieses Buches und Sue Horak für ihre ausgezeichnete redaktionelle Arbeit.

Vorwort

Allein dieses Vorwort für Tom zu schreiben, läßt ein Lied der Freude in meinem Geist aufsteigen. Der Herr hat Tom und mich kurz nach Gründung der Rhema-Gemeinde zusammengeführt, und wir durften gemeinsam erleben, wie Gott Sich auf wunderbare Weise durch diesen Dienst des Lobpreises und der Anbetung offenbarte.

Während ich beobachtete, wie sich Toms Dienst als Sänger und später auch als Lobpreisleiter der Gemeinde entwickelte, wurde mir immer deutlicher, daß der Herr einen besonderen Ruf im Bereich des Lobpreises auf sein Leben gelegt hatte.

Toms Offenbarung über Anbetung als Lebensstil und sein Dienst als moderner Psalmist waren für die geistliche Erweckung in Südafrika ausschlaggebend. Auch das Wachstum unserer Gemeinde wurde durch Tom entscheidend beeinflußt. Seine Hingabe an den Herrn hat dem Leib Christi eine völlig neue und aufregende Dimension des Lobpreises und der Anbetung eröffnet.

Voller Freude beobachtete ich, wie Gott den Ruf auf Toms Leben bestätigte. Sein Dienst erstreckt sich inzwischen über die ganze Welt, und überall auf meinen Reisen höre ich begeisternde Berichte über die Auswirkungen von Toms Lehre und Dienst. Ich glaube, daß dies immer noch erst der Anfang der großartigen Dinge ist, die Gott für Tom bereitet hat.

Ich empfehle jedem Pastor, Lobpreisleiter, Musiker und Anbeter des lebendigen Gottes, dieses Buch besonders im Licht von Joh. 4,20-24 zu studieren, denn es vermittelt uns tiefere Einsicht und ein besseres Verständnis wahrer Anbetung und ihres angemessenen Platzes in der Gemeinde.

Ray McCauley
Randburg (Südafrika), 1988

Einleitung

Die Gemeinde hat die ersten Schritte unternommen, um in eine neue Dimension einzutreten – in einen Lebensstil des Lobpreises und der Anbetung. So wird sich der Herzenswunsch Gottes, des Vaters, erfüllen, denn Er sucht nach Anbetern, die Ihn im Geist und in der Wahrheit anbeten. In Joh. 4,23-24 stellen wir fest, daß Gott Sich nicht nach lauer Anbetung einmal pro Woche sehnt, sondern daß Er Anbeter sucht, deren täglicher Wandel ein Ausdruck ihrer Anbetung ist. Wir werden in unseren Sonntagmorgen-Gottesdiensten niemals in die Dimension der gemeinsamen Anbetung eintreten, nach der Gott Sich so sehr sehnt, wenn nicht für jeden einzelnen von uns die Anbetung Gottes zu einem Lebensstil geworden ist. Die Schrift fordert uns auf, Ihn "im Geist und in der Wahrheit anzubeten". Wir haben keine andere Wahl, als direkt aus unserem Geist anzubeten und die Wahrheit des Wortes Gottes zu verkünden. Die Gemeinde braucht die Erkenntnis, die uns das Wort über Lobpreis mitteilt, und die Freiheit, dies im Geist auszudrücken. Sowohl der fünffältige Dienst als auch der gesamte Leib Christi muß die Stellung des Psalmisten/Lobpreisleiters besser verstehen lernen, damit wir Ihn wahrhaft im Geist und in der Wahrheit anbeten, wie es Ihm gebührt (Joh. 4,23-24).

Das Anliegen dieses Buches ist es, diesen Dienst im Licht des Neuen Testaments zu studieren. Die Schrift rechtfertigt meiner Meinung nach die Bezeichnung "neutestamentlicher Psalmist". Ich setze mich im Gebet dafür ein, daß die Wahrheiten, die uns das Neue Testament über den Psalmisten offenbart, mit Freuden angenommen werden.

Dieses Buch betont vor allen Dingen die Eigenschaften, die ein Psalmist im Neuen Testament haben sollte. Dabei wird besonders das Leben Davids und einiger seiner obersten Musiker und

Sänger beispielhaft betrachtet.

Außerdem wird das Fundament, auf dem der Dienst des Psalmisten aufgebaut ist, eingehend beleuchtet. Die Basis dafür besteht unter anderem aus einer engen Beziehung zwischen dem Pastor und dem Psalmisten, die sowohl für den Pastor als auch für den Psalmisten sehr wichtig ist.

Wir besprechen den Dienst des musikalischen Leiters, der Sänger und Musiker im Neuen Testament und im letzten Teil beleuchten wir den Unterschied zwischen einer musikalischen Begabung und dem Musikdienst. Dadurch wollen wir diejenigen ermutigen, die sich nach dem Dienst des Psalmisten ausstrekken.

Kapitel 1

Der Psalmist: Hebräische Bedeutung

1. Die hebräische Bedeutung des Wortes "Psalmist"

Das Wort "Psalmist (Psalmdichter)" wird nur ein einziges Mal in der Bibel gefunden, nämlich im 2. Samuel 23,1.

2. Samuel 23, 1
1 Dies sind die letzten Worte Davids: Es sprach David, der Sohn Isais, es sprach der Mann, der hocherhaben ist, der Gesalbte des Gottes Jakobs, der liebliche PSALMDICHTER in Israel...

Das hebräische Wort für Psalmist lautet:

ZAMIR oder ZiMeRAH (ZIMRAH).

Die Bedeutung dieses Wortes beinhaltet: ein Lied, das von Instrumenten begleitet wird; Psalm (-ist), Gesänge, Lied.

Ein Psalmist ist demnach jemand, der Gott mit Liedern und Musik anbetet. Doch der Dienst des Psalmisten umfaßt weit mehr, als diese Definition uns vermittelt. Um jeden Bereich dieses Dienstes zu erfassen, habe ich das Leben von David und einiger seiner obersten Musiker betrachtet. Wir werden mehr darüber erfahren, wie Gott Sich den Psalmisten unserer Zeit vorstellt, wenn wir das Leben Davids aus Gottes Perspektive betrachten.

Sehr viele talentierte Menschen können Lieder und Melodien komponieren; sie spielen und singen hervorragend und mit großer Begabung. In nahezu jeder pfingstlich geprägten Gemeinde findet man heutzutage mindestens einen Gläubigen, der auf diesem Gebiet begabt ist – doch bedeutet diese Tatsache schon, daß er ein Psalmist ist? Allein seine Herzenseinstellung kann wohl diese Frage beantworten und den Ruf bestätigen, denn sie spricht lauter als jedes musikalische Talent.

Lektion 2

Der Psalmist David

2. Der Psalmist David

In der Schrift wurde nur ein einziger Mann je als Psalmist bezeichnet, und er war zweifellos einer der bedeutendsten Persönlichkeiten der Bibel. Seine Lebensgeschichte nimmt einen größeren Teil der Schrift ein als die irgendeiner anderen Person im Alten Testament: David.

Auf den ersten Blick mag die Schriftstelle im 2. Sam. 23,1, wenn man sie auf den Psalmisten David bezieht, ein wenig verwirrend erscheinen. Deshalb wollen wir im folgenden etwas näher darauf eingehen:

2.1 Der "liebliche Psalmdichter in Israel"

David sprach diese Worte inspiriert vom Heiligen Geist (denn der Heilige Geist ist der Autor des Wortes). Aber David war ein Mann mit vielen Gesichtern. Seine Hände waren im Kampf geübt. Er hatte schwer gesündigt und die Folgen dieser Sünde getragen. Gott möchte jedoch nicht, daß wir dieses Bild von ihm in Erinnerung behalten. Wir lesen, daß er hocherhaben war, der Gesalbte des Gottes Jakobs und der liebliche Psalmdichter in Israel. Das Wort Gottes zeigt uns deutlich, daß wir in ihm einen Mann nach Gottes Herzen sehen sollen – David, den Anbeter. Soweit es Gott angeht, beschreiben die Worte im 2. Sam. 23,1 Davids Charakter. Wir sollen selbstverständlich aus seinen Fehlern lernen, aber mehr noch in den Siegen leben, die er in seiner Anbetung besingt.

Es wäre sicherlich aufschlußreich, Gott einmal zu fragen, wie Er uns sieht – "Vater, bin ich ein Kind nach Deinem Herzen?" – und Ihm dann zu erlauben, unseren Lebensstil entweder zu bestätigen oder zu korrigieren.

Nicht der große König, sondern der liebliche Psalmist war der Mann nach Gottes Herzen. Wenn wir die Schrift studieren, müssen wir zugeben, daß diese Beschreibung absolut korrekt war. Obwohl sich David der begangenen Sünde bewußt war, war er doch so freimütig, seine Liebe zu Gott durch den Geist in Lied und Musik auszudrücken – denn darin lag seine Stärke.

2.2 Ein einzigartiger Dienst

Die Bibel teilt uns mit, daß David der "Psalmdichter in Israel" war. Er war der Komponist der ganzen Nation, der Lieder und Verse schrieb und das Volk in eine neue Dimension des Lobpreises und der Anbetung führte. Davids offizieller Dienst als Psalmist erstreckte sich über die gesamte Nation. Durch seine Erkenntnis von Gottes Wort und durch seine Musik beeinflußte er das ganze Land. Gott sehnte Sich nach der Anbetung des Volkes Israel, und Er erwählte David, um durch ihn aufzuzeigen, wie Er Sich den Lobpreis wünschte. Da David der einzige Psalmist des Landes war, gab es niemanden sonst, an den man sich hätte wenden können. Natürlich wurden Sänger und Musiker benötigt, die David in seiner Offenbarung praktisch unterstützten. Die Bibel spricht von diesen Personen als den Vorsängern, die Davids Anweisungen folgten.

David verfaßte den größten Teil der Psalmen und erfand sogar Musikinstrumente für die Anbetung. Dies bestätigt ebenfalls seinen einzigartigen Dienst als Psalmist des Volkes Israel. Er war mehr als ein Musiker; er war der auserwählte, gesalbte und berufene Musiker, Liederdichter und Instrumentenbauer; er war der König Israels und ein Prophet Gottes. Seine Musik und seine Lieder dienten seinem Volk, und gleichzeitig führte er es als Priester durch die Anbetung in die Gegenwart Gottes. Im ganzen Alten Testament ist er der einzige Psalmist, der eine solche Auswirkung auf die Kinder Israel hatte, und niemand war auch nur annähernd so einflußreich wie er.

Es gibt noch viele andere Bereiche in Davids Leben, die uns mehr Einsicht in seine Persönlichkeit geben, die ihn als Psalmist Israels auszeichnet.

2.3 David – von Gott geschaffen oder von Ihm gefunden?

Während sich meine Gedanken um David drehten, beschäftigte ich mich lange mit zwei Fragen:

Hatte Gott David so geschaffen, wie er war?
Hatte Gott David so vorgefunden, wie er war?

Die Antwort darauf finden wir im 1. Buch Samuel:

1. Samuel 13, 14
14 Der Herr hat sich einen Mann ausgesucht nach seinem Herzen; dem hat der Herr geboten, über sein Volk Fürst zu sein...

Das Wort "ausgesucht" (von "BAQASH") bedeutet: "ausfindig machen, begehren nach, sich sehnen nach".

Gott *sehnte Sich* und *suchte* nach einem Mann wie David.
Gott *sehnte Sich* und *suchte* nach einem Herzen, wie David es hatte.

Gott hatte nach jemandem wie David gesucht, '*... denn der Vater sucht solche Anbeter*' (Joh. 4,23).

Selbst im neuen Bund werden wir durch die neue Geburt nicht automatisch zu Anbetern Gottes im Geist und in der Wahrheit, denn wahre Anbetung kommt aus einem Herzen, das danach verlangt, Gott zu verherrlichen.

Anbetung entspringt einem Herzen, das sich beständig nach Gott sehnt. Davids Herzenshaltung war ein Vorschatten der Einstellung der Heiligen des Neuen Testaments. Gott wird uns niemals dazu zwingen, Ihn anzubeten, doch Er sehnt Sich von ganzem Herzen nach unserer Anbetung. Möge Gott auf Seiner

Suche nach Anbetern auf uns stoßen!

Lange nach Davids Tod wurde im Neuen Testament über diesen großen Mann ausgesagt:

Apostelgeschichte 13, 22
22 Und nachdem er ihn auf die Seite gesetzt hatte, erweckte er ihnen David zum König, von dem er auch Zeugnis gab und sprach: "Ich habe David gefunden, den Sohn des Jesse, einen Mann nach meinem Herzen, der allen meinen Willen tun wird."

Das Wort "gefunden" (von "HEURISKO" oder "HEUREO") bedeutet: "entdecken, gewinnen, bekommen, bemerken". David öffnete Gott sein Herz, und Gott freute Sich, daß Er einen Anbeter wie ihn gefunden hatte.

2.4 David betete an, bevor er regierte

David hatte bestimmte Eigenschaften, die wir auch heute von einem Psalmisten erwarten sollten. Im 1. Samuel 16 sprach der Herr zu dem Propheten Samuel und trug ihm auf, den Mann aufzusuchen und zu salben, den Er Sich als König über Israel auserwählt hatte. Beachte, daß Gott einen Anbeter zum König salbte. Im 1. Mose 49,10 erkennen wir den Zusammenhang zwischen Autorität und Anbetung:

1. Mose 49, 10
10 Es wird das Zepter nicht von JUDA (bed.: Lobpreis) **weichen, noch der Herrscherstab von seinen Füßen...**

Schon lange bevor Gott ihn zum König machte, hatte David den Herrn angebetet. Er war bereits ein Anbeter, ein Mann nach Gottes Herzen, als er König wurde. David lernte anzubeten, bevor er in sein Königsamt erhoben wurde. Gott erlaubt uns scheinbar nicht, Autorität in Seinem Reich auszuüben, bevor wir nicht gelernt haben, Ihn anzubeten.

2.5 David und das Wort Gottes

Die erste Priorität eines Psalmisten ist das Wort Gottes, denn es ist die Grundlage für den Lobpreis. Die Kraft, Gott zu preisen, empfangen wir aus Seinem Wort. Jedesmal, wenn wir das Wort lesen, sollte es uns zum Lobpreis inspirieren. Wir sollten es in der Erwartungshaltung *'ihr werdet die Wahrheit erkennen, und die Wahrheit wird euch frei machen'* (Joh. 8,32) lesen und bereit sein, Gott dafür zu preisen. Die Wahrheit des Wortes macht uns frei, damit wir den, der es gesprochen hat, preisen und anbeten können. Je mehr wir darin lesen und je deutlicher wir Ihn erkennen, desto größer wird unser Verlangen sein, Ihn zu preisen.

Psalm 47, 8 (Luther)
8 Denn Gott ist König über die ganze Erde; lobsinget ihm mit Psalmen!

Psalm 119, 171–172
171 Meine Lippen sollen überfließen von Lob, wenn du mich deine Satzungen lehrst.
172 Meine Zunge soll deine Rede singen; denn alle deine Gebote sind gerecht.

Auch wenn Gottes Wort uns korrigiert und zurechtweist, sollen wir Ihn preisen, da es zu unserem Besten geschieht (Röm. 8,28).

Wenn wir das Wort Gottes im Herzen haben, werden wir Ihn unweigerlich preisen. Auf der anderen Seite können wir Gott nicht preisen, wenn wir nicht wenigstens einen Ansatz von Erkenntnis Seines Wortes in uns haben. Wir dürfen unsere Geistlichkeit niemals an den Schriftstellen messen, die wir kennen, sondern wir messen sie daran, inwieweit wir im Licht dieser Schriftstellen wandeln. Der Lobpreis offenbart uns, wieviel von Gottes Wort bereits in unserem Herzen ist.

2.6 David und der Heilige Geist

David war ein Mann, der den Heiligen Geist in seinem Leben erfahren hatte.

1. Samuel 16, 13
13 ... Und der Geist des Herrn geriet über David, von dem Tage an und forthin.

1. Samuel 16, 13 (Moffatt)
13 ...und von jenem Tage an inspirierte der Geist des Ewigen David in starker Weise.

1. Samuel 16, 13 (Erweiterte Übersetzung)
13 ...der Geist des Herrn kam mächtig auf David von jenem Tage an.

Der Psalmist wird ein Bewußtsein für den Heiligen Geist entwickeln, denn der Heilige Geist wird auf ihn kommen und durch ihn strömen. Der Heilige Geist wohnt in uns, und wir dürfen deshalb erwarten, daß Er uns jederzeit inspiriert, dem Herrn in unserem Herzen zu singen und zu spielen. Der Überfluß dieses Lebensstils der Anbetung wird sich in unseren Gottesdiensten erweisen, wenn Sich der Heilige Geist durch unsere Musik offenbart. Der Psalmist muß die Absicht des Heiligen Geistes für den Gottesdienst erfassen und den Musikdienst unter der Führung des Heiligen Geistes leiten.

2.7 Davids Herz

Davids Herzenseinstellung war der Schlüssel zu seinem Leben und Dienst.

1. Samuel 16, 7
7 ...denn Gott sieht nicht auf das, worauf der Mensch sieht; der Mensch sieht auf das Äußere; der Herr sieht auf das Herz.

Gott hält Ausschau nach Anbetern und sieht auf das Herz des Menschen, denn Anbetung ist ein Ausdruck des Herzens und kann niemals an äußerlichen Formen gemessen werden. Singen, Erheben der Hände und Tanzen sind die Ausdrucksformen unserer Anbetung, doch wahre Anbetung kommt aus dem Innern des Menschen. In Phil. 3,3 heißt es: "*... denn wir sind die Beschneidung, die wir Gott im Geiste dienen* (die Erweiterte Übersetzung benutzt an dieser Stelle ausdrücklich das Wort "anbeten") *und uns in Christus rühmen und nicht auf Fleisch vertrauen...*" Es mag sein, daß wir durch körperliche Behinderungen nicht in der Lage sind, zu singen oder zu tanzen, und dennoch kann unser Herz von Freude und Anbetung erfüllt sein. Jemand, der seine Anbetung durch Tanz ausdrückt, wirkt vielleicht etwas plump, doch er kann aufgrund seiner Herzenseinstellung trotzdem ein großer Anbeter sein.

Der Psalmist hingegen hat die Fähigkeit, seine Anbetung in Liedern und Musik auszudrücken, die über die des "normalen" Anbeters hinausgeht, weil er dazu berufen ist. Gott hat den Psalmisten mit der Fähigkeit gesegnet, die Empfindungen seines Herzens – seine aufrichtige Liebe zu Gott – durch Musik und Lieder auszudrücken. Durch die Ausübung dieser Gabe, die in sein Herz gelegt ist, führt er andere in die Anbetung. Der Psalmist offenbart also den Menschen sein Herz. Durch sein eigenes Erleben im Bereich der Anbetung gebraucht ihn der Heilige Geist, andere Menschen zu Gott zu ziehen.

Psalm 78, 70–72
70 Und er erwählte seinen Knecht David und nahm ihn von den Schafhürden weg.
71 Da er den tragenden Schafen nachging, holte er ihn, daß er weiden sollte Jakob, sein Volk, und Israel, sein Erbe.
72 Und er weidete sie mit aller Treue seines Herzens und leitete sie mit geschickter Hand.

Beachte, daß David das Volk "mit aller Treue seines Herzens weidete". Der Heilige Geist gebraucht das Herz des Psalmisten, um die Menschen in den Thronsaal, die Gegenwart Gottes, zu führen.

Die folgenden Schriftstellen geben uns einen Einblick in Davids Herz:

Psalm 9, 2
2 Ich will den Herrn von ganzem Herzen loben, ich will alle deine Wunder erzählen.
(Unser Lobpreis muß von ganzem Herzen kommen.)

Psalm 16, 8–9
8 Ich habe den Herrn allezeit vor Augen; weil er mir zur Rechten ist, wanke ich nicht.
9 Darum freut sich mein Herz, und meine Seele frohlockt;

auch mein Fleisch wird sicher ruhen;
(Das ständige Bewußtsein der Gegenwart Gottes in unserem Leben wird unser Herz mit überfließender Freude erfüllen.)

Psalm 17, 3
3 Du hast mein Herz geprüft, mich des Nachts besucht, du hast mich durchforscht, nichts gefunden, daß ich mich mit meinen Gedanken oder mit meinem Munde vergangen hätte.
(Wir müssen immer für eine Korrektur Gottes offen sein.)

Psalm 19, 8
8 Das Gesetz des Herrn ist vollkommen und erquickt die Seele; das Zeugnis des Herrn ist zuverlässig und macht die Einfältigen weise.
(Das Wort Gottes hat eine Auswirkung auf unser Herz – es erfreut unseren Geist.)

Psalm 24, 3–4
3 Wer wird auf den Berg des Herrn steigen? Und wer wird stehen an seiner heiligen Stätte?
4 Wer unschuldige Hände hat und reines Herzens ist, wer seine Seele nicht auf Trug richtet und nicht falsch schwört.
(Ein reines Herz ist die Voraussetzung dafür, daß wir in die Gegenwart Gottes eintreten können.)

Psalm 26, 1–2
1 Richte du mich, o Herr; denn ich bin in meiner Unschuld gewandelt und habe mein Vertrauen auf den Herrn gesetzt; ich werde nicht wanken.
2 Prüfe mich, Herr, und erprobe mich; läutere meine Nieren und mein Herz!
(Erlaube Gott, dein Herz zu läutern und zu heiligen.)

Psalm 27, 8
8 Von dir sagt mein Herz, daß du sprichst: Suchet mein Angesicht! Dein Angesicht, o Herr, will ich suchen.
(Wenn unsere Beziehung zu Gott aufrichtig ist, wird unser Herz danach verlangen, Gottes Angesicht zu suchen.)

Psalm 51, 12
12 Schaffe mir, o Gott, ein reines Herz und gib mir von neuem einen gewissen Geist!
(Obwohl dies Davids Bußpsalm war, müssen auch wir darauf achten, stets ein reines Herz zu bewahren.)

2.8 Davids Aussehen

1. Samuel 16, 12

12 Da sandte er hin und ließ ihn holen. Und er war bräunlich, mit schönen Augen und von gutem Aussehen.

Zunächst scheint sich diese Schriftstelle auf Davids natürliches Äußeres zu beziehen, doch nicht nur das! Wenn wir eine enge Beziehung zum Herrn haben, werden wir in Seinen Augen wunderschön sein, und wir werden Seine Schönheit in der Welt widerspiegeln, weil wir die einzigen sind, die Freude und Hoffnung ausstrahlen. Ein Anbeter ist ein herrlicher Anblick für Gott.

2.9 Davids Begabung und Geschicklichkeit

"... der das Saitenspiel versteht..." (1. Sam. 16,18). Der Psalmist muß zweifellos mit seinem Instrument und seiner Stimme umzugehen wissen. Gott wird niemanden zu diesem Dienst berufen, der nur drei Akkorde spielen kann und dazu noch falsch singt. Dennoch war mehr als nur ein begabter Musiker nötig, um Saul Erleichterung zu verschaffen; nur durch einen gesalbten und begabten Musiker konnte ihm geholfen werden.

2.10 David war tapfer und streitbar

"... und auch ein tapferer Mann..." (1. Sam. 16,18). David war ein kühner Mann. Ein Psalmist muß mutig sein, denn nichts darf ihn daran hindern, dem Herrn stets Lobpreisopfer und Anbetung darzubringen. Kühnheit ist nötig, um dies inmitten einer Schlacht zu tun, besonders wenn der Psalmist andere in den Krieg führen soll, während er selbst von Gefühlen der Einsamkeit bedrängt wird, die die verantwortungsvolle Stellung eines Leiters manchmal begleiten.

2.11 David war ein Kriegsmann

"... streitbar..." (1. Sam. 16,18). Lobpreis ist eine mächtige Waffe im geistlichen Kampf. Der Psalmist muß bereit sein, sowohl für sich selbst als auch für andere zu kämpfen. Er darf sich nicht von der Stärke des Feindes beeindrucken lassen oder angesichts der vielen Schlachten entmutigt werden. Seine Aufgabe ist nicht der Kampf, sondern das Volk im Siegeslied anzuleiten.

2.12 David war der Rede kundig

"...der Rede kundig..." (1. Sam. 16,18). David war weise und besaß gesunden Menschenverstand. Er war fähig, Entscheidungen zu treffen, und hatte Gunst bei Gott. Gott wünscht Sich, daß alle Seine Kinder und vor allem diejenigen, die in leitenden Positionen stehen, Weisheit besitzen. Das gilt auch für den Psalmisten, da es seine Aufgabe ist, durch Lobpreis und Anbetung die Menschen in die Gegenwart Gottes zu führen.

2.13 David war schön

"...und schön..." (1. Sam. 16,18). Ein Anbeter wird auf Gott und die Menschen immer anziehend wirken. Nicht seine äußerliche Erscheinung macht ihn so attraktiv, sondern sein innerer Mensch. Die Gegenwart des Herrn im Leben eines Gläubigen ist gleichermaßen äußerlich sichtbar.

2.14 Der Herr war mit David

"...und der Herr ist mit ihm" (1. Sam. 16,18). Der Diener Sauls bemerkte, daß 'Gott mit David war'. Diese Tatsache muß von Anfang an im Dienst des Psalmisten die höchste Priorität sein. Dabei meine ich nicht die Erfahrung der neuen Geburt, sondern die Salbung des Heiligen Geistes auf dem Dienst – Seine offenbarte Gegenwart. Der Psalmist muß so vom Heiligen Geist geführt sein, daß andere dies erkennen und seiner Leitung folgen können.

2.15 David hatte Gunst

"...denn er hat Gnade gefunden vor meinen Augen!" (1. Sam. 16,22). Wenn wir Gunst bei Gott haben, werden wir auch Gunst bei Menschen haben. Der Psalmist muß unbedingt Gunst bei Gott haben. Menschen werden nicht blindlings jemandem folgen, sondern sich nur dem unterordnen, den sie schätzen.

David hatte noch viele andere Qualitäten, wie etwa Geduld, Bescheidenheit, Treue; all dies sind Eigenschaften, die im Leben eines jeden Anbeters, der Gott von ganzem Herzen liebt, vorhanden sein müssen.

Kapitel 3

Gibt es Psalmisten im neuen Bund?

3. Gibt es Psalmisten im neuen Bund?

Bevor wir diese Frage beantworten, werden wir untersuchen, welche Bedeutung die Anbetung des Alten Testaments für eine neutestamentliche Gemeinde hat.

3.1 Alttestamentliche Anbetung – ein Vorschatten für die neutestamentliche Gemeinde

Viele Gläubige fragen sich heutzutage: "In welchem Umfang können wir im neuen Bund die Anbetungs- und Lobpreisprinzipien des Alten Testaments übernehmen?" Meiner Meinung nach ist Davids Offenbarung über Anbetung das Fundament für die neutestamentliche Anbetung **im Geist und in der Wahrheit.** David empfing eine Offenbarung über neue Ausdrucksweisen des Lobpreises und der Anbetung. Jesus offenbarte, daß der Vater nach eben diesen Ausdrucksweisen Ausschau hielt, jedoch in der Dimension **'im Geist und in der Wahrheit'**.

Wir dürfen nicht vergessen, daß die Urgemeinde keine neutestamentlichen Schriftstellen hatte, auf die sie sich hätte beziehen können. Ihre einzige Quelle war das Alte Testament. Sowohl sie selbst als auch ihr Leben und ihr gesamter Lebensstil wurden zu lebendigen Briefen des Neuen Testaments. Wir können das Alte Testament oder einen Teil davon nicht von der Wahrheit trennen, die wir heute kennen. Auf der anderen Seite können wir auch nicht sagen, daß der Lobpreis Davids uns ein vollkommenes Bild vermittelt. Es ist unser Anliegen, sowohl den Lobpreis und die Anbetung des Alten als auch des Neuen Testaments zu verstehen und sie als neue Geschöpfe in Christus auszudrücken. Das Argument, daß bestimmte Ausdrucksformen im Lobpreis und der Anbetung veraltet wären, da sie im Neuen Testament nicht durch die Schrift belegt werden könnten, ist nicht haltbar. Die Wiederherstellung der Stiftshütte Davids, von der das Neue Testament berichtet, beinhaltet sicherlich die Offenbarung Gottes über Lobpreis und Anbetung für die neutestamentliche Gemeinde. Es ist unmöglich, bestimmte Formen des Lobpreises und der Anbetung zugunsten anderer zu vernachlässigen oder auf Kosten von anderen zu bevorzugen. Wir müssen die gesamte Wahrheit annehmen oder sie ganz und gar ablehnen.

Die folgenden Schriftstellen belegen diese Aussage:

Lukas 24, 44
44 Er sprach aber zu ihnen: Das sind meine Worte, die ich zu euch gesagt habe, als ich noch bei euch war, daß alles erfüllt werden müsse, was im Gesetz Moses und in den Propheten und den Psalmen von mir geschrieben steht.

2. Timotheus 3, 16
16 Jede Schrift ist von Gottes Geist eingegeben und nützlich zur Belehrung, zur Überführung, zur Zurechtweisung, zur Erziehung in der Gerechtigkeit...

Römer 15, 4
4 Was aber zuvor geschrieben worden ist, das wurde zu unserer Belehrung geschrieben, damit wir durch die Geduld und durch den Trost der Schrift Hoffnung fassen.

Es gibt verschiedene Schriftstellen im Neuen Testament, die klar aufzeigen, daß wir im neuen Bund Anbeter sein müssen, die sich in der Freiheit des Geistes und Erkenntnis des Wortes bewegen, die im Alten Testament nicht bekannt war.

Apostelgeschichte 15, 13–18
13 Nachdem sie aber zu reden aufgehört hatten, hob Jakobus an und sagte: Ihr Männer und Brüder, hört mir zu!
14 Simon hat erzählt, wie Gott zum erstenmal sein Augen-

merk darauf richtete, aus den Heiden ein Volk für seinen Namen anzunehmen.
15 Und damit stimmen die Worte der Propheten überein, wie geschrieben steht:
16 »Darnach will ich umkehren und die zerfallene Hütte Davids wieder aufbauen, und ihre Trümmer will ich wieder bauen und sie wieder aufrichten,
17 auf daß die Übriggebliebenen der Menschen den Herrn suchen, und alle Völker, über welche mein Name angerufen worden ist, spricht der Herr, der solche Dinge tut«
18 und dem sie von Ewigkeit her bekannt sind.

Apostelgeschichte 24, 14
14 Das bekenne ich dir aber, daß ich nach dem Wege, welchen sie eine Sekte nennen, dem Gott der Väter also diene, daß ich an alles glaube, was im Gesetz und in den Propheten geschrieben steht;

Der Wiederaufbau der Stiftshütte Davids bezieht sich nicht direkt auf die Wiederherstellung des Lobpreises und der Anbetung, doch sie ist sicherlich darin beinhaltet und bildet einen eminent wichtigen Teil bei der allgemeinen Wiederherstellung.

3.2 Die Stellung des Psalmisten in der neutestamentlichen Ortsgemeinde

Wir haben schon gesehen, daß die Bezeichnung "Psalmist" ("Psalmdichter") nur ein einziges Mal im Alten Testament erwähnt wird und im Neuen Testament die Bezeichnung "Psalmist" nicht ausdrücklich genannt wird. Wir können jedoch aus einigen Tatsachen in Gottes Wort schließen, daß es möglicherweise auch im Neuen Testament einen solchen Dienst gibt.

Es ist leicht zu ersehen, daß der Musikdienst im Neuen Testament offensichtlich allgemein anerkannt wird, denn wir finden genügend Schriftstellen, die uns dazu ermutigen, hingebungsvolle Anbeter zu sein (Joh. 4,23-24; Eph. 5,18; Kol. 3,16; 1. Kor. 14,15-16).

Die Gemeinde braucht keine Offenbarung über die Notwendigkeit des Musikdienstes im neuen Bund, sondern über die

Funktion dieses Dienstes im Rahmen der Gemeinde. Dies führt uns zur Stellung des Psalmisten im neuen Bund. Gibt es überhaupt einen solchen Dienst, und wenn ja, welche Aufgabe hat er und wo ist sein Platz in der neutestamentlichen Gemeinde? Meiner persönlichen Meinung nach finden wir ihn heute in der Rolle des **Lobpreisleiters** wieder; er ist jedoch sicherlich nicht mit König David, dem "lieblichen Psalmdichter in Israel", zu vergleichen.

Davids Dienst als Psalmist hatte eine Auswirkung auf das ganze Volk Israel, während der neutestamentliche Lobpreisleiter meist innerhalb seiner Ortsgemeinde dient. Die Berufung, die Salbung und die jeweiligen Aufgaben des Psalmisten im Alten und im neuen Bund sind deshalb unterschiedlich. Die grundlegenden Voraussetzungen, nämlich die Herzenseinstellung und die musikalische Begabung, sind jedoch bei beiden dieselbe.

Es beunruhigt mich sehr, wenn man eine Person, die nicht einmal das Herz eines Anbeters hat, als Lobpreisleiter oder als Psalmisten bezeichnet. Manche Menschen, die sich für den Musikdienst zur Verfügung stellen, können durchaus talentiert sein, doch ihr Lebensstil straft die Herzenseinstellung eines Anbeters Lügen. Andererseits gibt es auch diejenigen, die wohl ein williges "Herz", aber absolut kein Talent haben und deshalb den Anforderungen nicht entsprechen, die an den Musikdienst gestellt werden.

Als Psalmisten/Lobpreisleiter können wir uns natürlich nicht mit David vergleichen, aber wir können einen ähnlichen Dienst erfüllen, wenn wir alles, was wir von David gelernt haben, anwenden und dabei die Dimension "im Geist und in der Wahrheit" berücksichtigen.

Ich glaube, daß Gott möchte, daß wir den Musikdienst, den David erfüllte, anhand seiner Herzenseinstellung beurteilen. Das ist der Schlüssel zum Dienst des neutestamentlichen Psalmisten, nach dem der Vater in Joh. 4,23-24 sucht. Die Apostelgeschichte bestätigt lange nach Davids Tod, daß er ein Mann nach dem Herzen Gottes war. Genauso wie beim fünffältigen Dienst besteht der Dienst des Psalmisten im neuen Bund nicht durch seinen "Titel". Der "Titel" eines Apostels, Propheten, Evangelisten, Pastors oder Lehrers stellt sich mit der Gabe ein. Wenn sich jemand "Pastor" nennt, die pastorale Gabe sich aber nicht in seinem Leben erweist, hat diese Bezeichnung überhaupt keine Bedeutung. Deshalb sollten wir Titel weder vorschnell akzeptieren noch voreilig ablehnen. Wir sollten vielmehr anhand der Person, der dieser Titel übertragen wurde, urteilen. Die Gefahr liegt nicht darin, daß einem Gläubigen die alttestamentliche Bezeichnung "Psalmist" gegeben wird, sondern vielmehr, daß sich jemand zwar so nennt, sich aber für einen Dienst, der dem Davids ähnlich war, nicht auszeichnet. Wir sollten uns nicht vor der Bezeichnung scheuen, sondern vielmehr darauf achten, ob ein Mensch auch die entsprechenden Qualifikationen besitzt, die dieser Dienst erfordert.

Aus diesen Feststellungen können wir schließen, daß es im neuen Bund einen Dienst gibt, der dem des Psalmisten entspricht. Er wird jedoch von einer anderen Salbung begleitet und erfüllt eine andere Aufgabe. Die Salbung des Psalmisten/Lobpreisleiters wirkt sich im Sinne einer neutestamentlichen Salbung von innen heraus aus und hat zum Ziel, die Ortsgemeinde – in Unterordnung zum Pastor oder einer anderen Dienstgabe – in der Anbetung anzuleiten und ihr ein Beispiel zu sein. **Dieser wahrscheinlich wichtigste Dienst der Hilfeleistung im Leib Christi unterstützt den Dienst des Pastors, des Propheten, des Evangelisten usw.** Der Pastor der jeweiligen Ortsgemeinde oder der fünffältige Dienst sollte diesen Dienst immer als erster erkennen. In anderen Worten: die Anerkennung als Psalmist/Lobpreisleiter muß im Neuen Testament von einer höheren Autorität innerhalb der Ortsgemeinde erfolgen, und der Psalmist/Lobpreisleiter muß sich dieser Autorität unterordnen.

Eigenschaften eines Psalmisten im neuen Bund

Die wesentlichen Eigenschaften eines Psalmisten finden wir im Alten Testament. Wir wenden uns also David zu und beleuchten seine Eigenschaften im Geist und in der Wahrheit des Neuen Testaments. Diese Eigenschaften werden in der folgenden Tabelle einander gegenübergestellt:

Psalmist des Alten Testaments	Psalmist im neuen Bund
1. Psalmist von Israel Davids Dienst erstreckte sich auf das ganze Volk Israel und wurde durch die gesamte Geschichte Israels hindurch von gottesfürchtigen Königen aufrechterhalten. Da Gott ein ganzes Volk erreichen wollte, mußte David auf nationaler Ebene dienen – durch nachfolgende Könige, unter deren Autorität seine Lehren weitervermittelt werden konnten (2. Sam. 23,1).	**Psalmist der Ortsgemeinde** Der Psalmist/Lobpreisleiter im neuen Bund dient hauptsächlich der Ortsgemeinde, denn es ist schriftgemäß, daß wir den Herrn innerhalb der Ortsgemeinde preisen und anbeten. Gott streckt Sich weiterhin nach einem ganzen Volk aus – nach einem heiligen Volk, dem Volk der von neuem geborenen Gläubigen, dem Leib Christi. Jede Ortsgemeinde sollte einen Psalmisten/Lobpreisleiter haben, der der Autorität des Pastors unterstellt ist (1. Petr. 2,5 u. 9; 1. Kor. 14,15 u. 26).
2. Geschaffen oder gefunden Gott erschuf David nicht als Anbeter. Er fand ihn in einer Haltung der Anbetung vor (1. Sam. 13,14).	**Wiedergeschaffen oder gefunden** Gott hat uns neugeschaffen, damit wir Ihn im Geist und in der Wahrheit anbeten können, doch die neue Geburt macht uns nicht automatisch zu Anbetern. Der neutestamentliche Psalmist muß sich zuvor als wahrer Anbeter erwiesen haben (Joh. 4,23-24).
3. Anbetung geht der Herrschaft voraus Ein Anbeter, der die Schafe seines Vaters auf der Weide hütete, erregte Gottes Aufmerksamkeit. Gott fand es angemessen, einen Anbeter zum König zu salben, und Er berief David bereits zum König, als er noch ein Schafhirte war (1. Sam. 16,1; Ps. 78,70).	**Anbetung geht dem Dienst voraus** Bevor jemand im Dienst des Psalmisten stehen kann, müssen Lobpreis und Anbetung sein ganz persönlicher Lebensstil geworden sein. Sein Dienst ist gewissermaßen der Überfluß seiner persönlichen Anbetungserfahrung. Bevor ein Psalmist als Lobpreisleiter vor der Gemeinde steht, muß er in der Anbetung Gottes Angesicht gesucht haben (Joh. 4,23–24; Luk. 10,38-42; Luk. 4,8).

Psalmist des Alten Testaments	Psalmist im neuen Bund
4. Höchste Priorität: Gottes Wort Das Alte Testament weist uns an, den Herrn auch mit dem Verstande zu preisen (Ps. 47,7; Ps. 119,7; Ps. 119,171-172).	**Höchste Priorität Gottes Wort** Das Neue Testament zeigt uns, daß wir Gott im Geist und in der Wahrheit anbeten müssen. Wir beten Gott mit unserem von neuem geborenen Geist an und gebrauchen dabei Sein Wort als Ausdrucksmittel. Der Psalmist/Lobpreisleiter lebt im neuen Bund in einer Dimension der Wahrheit, die David nicht kannte (Kol. 3,16; Eph. 5,19).
5. Das Herz des Psalmisten im Alten Testament Er war ein Mann nach dem Herzen Gottes (1. Sam. 13,14; Apg. 13,22).	**Das Herz des Psalmisten im neuen Bund** Er muß ein Mensch nach Gottes Herzen sein (Matth. 5,8; Eph. 6,6).
6. Der Heilige Geist auf... Die Salbung des Heiligen Geistes lag auf Davids Leben, um Gott zu preisen (1. Sam. 16,13).	**Der Heilige Geist in...** Die Salbung des Heiligen Geistes ist im neuen Bund im Psalmisten, um Gott anzubeten. Der Heilige Geist wird den Psalmisten stets in einen Lebensstil der Anbetung führen (Röm. 8,11).
7. Das Aussehen des Psalmisten im alten Bund Obwohl die Schrift Davids äußerliche Erscheinung als schön bezeichnet, wissen wir, daß in Gottes Augen in erster Linie Davids Herz wohlgefällig war (1. Sam. 16,12).	**Das Aussehen des Psalmisten im neuen Bund** Der Psalmist sollte nicht nur vor Gott, sondern vor allen Menschen "durchsichtig" sein. Er sollte so offen sein, daß der Lobpreis seines Herzens äußerlich erkennbar ist (1. Kor. 6,19–20; Joh. 1,14; Matth. 5,16).

Psalmist des Alten Testaments	Psalmist im neuen Bund
8. Die Begabung des Psalmisten Ein Kennzeichen des alttestamentlichen Psalmisten war seine Begabung. Daran erkannten ihn die ganze Gemeinde und auch die Knechte Sauls (1. Sam. 16,16-18).	**Die Begabung des Psalmisten** Nur jemand, der seine Stimme und sein Instrument beherrscht, kann ein neutestamentlicher Psalmist sein. Ein Psalmist sollte ein ausgezeichneter Musiker und Sänger sein, so daß die Gemeinde sein Talent sofort erkennen kann (1. Kor. 14,12; Bemerkung: Lies das ganze Kapitel).
9. Mutig und stark Wir haben David als einen tapferen Mann in Kriegszeiten kennengelernt (1. Sam. 16,18).	**Mutig und stark** Der Psalmist im neuen Bund muß ein kühner Streiter in der geistlichen Kriegsführung sein und außerdem geistliche Lobpreis- und Dankesopfer darbringen, ganz gleich, wie die Umstände auch sein mögen (Eph. 6,10–18; Hebr. 13,15; 1. Thess. 5,18).
10. Streitbar (im natürlichen Bereich) Wir wissen, daß David ein Kriegsmann war, der mit Waffen und mit seinen bloßen Händen bis aufs Blut kämpfte. Er war seinen Soldaten und Knechten ein Vorbild im Kampf (1. Sam. 16,18).	**Streitbar (im geistlichen Bereich)** Ein Psalmist unserer Zeit sollte ein Kriegsmann sein, der mit geistlichen Waffen kämpft. Er sollte auch fähig sein, die Gemeinde zu Zeiten geistlicher Kriegsführung im Lobpreis anzuleiten (Eph. 6,10-18).
11. Weisheit David traf weise Entscheidungen (1. Sam. 16,18).	**Weisheit** Gott möchte natürlich, daß alle Seine Kinder weise sind, doch der Psalmist muß besonders umsichtig vorgehen, wenn er andere in die Gegenwart Gottes führen will.

Psalmist des Alten Testaments	Psalmist im neuen Bund
12. Schön Gott hatte Wohlgefallen an Davids Erscheinung (1. Sam. 16,18).	**Schön** Der Dienst des Psalmisten wird bei den Menschen großen Anklang finden, denn als Anbeter und Lobpreisleiter wird der Psalmist Gunst bei Gott haben. Um Menschen leiten zu können, braucht man Gnade. Gott gibt Seinen Anbetern viel Gunst.
13. Der Herr war mit ihm Die Knechte Sauls hatten erkannt, daß Gott mit dem Psalmisten David war (1. Sam. 16,18).	**Der Herr ist mit ihm** Der Herr ist mit allen Seinen Kindern, doch Seine Gegenwart ist nicht immer offenbar. Der Psalmist sollte dafür bekannt sein, daß sein Dienst von der offenbarten Gegenwart Gottes bestätigt wird.
14. Ein Prophet Gottes David war ein Prophet Gottes (Apg. 2,29-30).	**Prophetische Salbung** Der Psalmist sollte feinfühlig für die prophetische Salbung sein. Die prophetische Salbung wird oftmals während eines Gottesdienstes durch den Musikdienst gefördert. Elisa, der im Amt eines Propheten stand, bat um einen Saitenspieler, bevor er weissagte (2. Kön. 3,15). "Denn das Zeugnis Jesu ist der Geist der Weissagung", und es gibt kein größeres Zeugnis, als die Macht und Größe unseres Gottes zu preisen (Offb. 19,10).

Kapitel 4

Der Psalmist in der Struktur der neutestamentlichen Ortsgemeinde

---

4. Die Stellung des Psalmisten/Lobpreisleiters in der neutestamentlichen Ortsgemeinde

4.1 Die Struktur der Ortsgemeinde

Jede Ortsgemeinde sollte verstehen, wie Verwaltung, der Dienst der Hilfeleistung und die Dienste innerhalb der Gemeinde in ihrer Autorität, Funktion und Verantwortung zusammenhängen. Die leitenden Dienste in einer Gemeinde umfassen das Amt des Pastors und der Ältesten, die verwalten, lehren, die Herde behüten und nähren. Sie helfen, die Heiligen zum Werk des Dienstes zuzurüsten, das Gott für die Gemeinde vorgesehen hat. Diakone erfüllen keine leitenden Aufgaben, sondern sie dienen der Gemeinde in praktischer Weise. Dieser Dienst wird in der Gemeinde meist völlig mißverstanden und oftmals nur wenig geschätzt. Doch das Amt des Diakons ist sehr bedeutungsvoll und sollte eine gewisse Zeit von jedem ausgeführt werden, der zu einem leitenden Amt berufen ist. Meiner Meinung nach werden geistliche Leiter geformt, wenn sie als Diakone dienen. Stephanus und Philippus (Apg. 6,5-8) dienten machtvoll als Diakone, und Gott wurde durch ihren Dienst verherrlicht.

Sowohl die leitenden Dienste als auch die praktischen Dienste der Hilfeleistung sollten der Gemeinde ein Beispiel für gottesfürchtige Lebensführung sein und sie ermutigen, ihrem Beispiel zu folgen.

Gemeindedienste werden von den einzelnen Gemeindemitgliedern innerhalb des Leibes Christi gemäß ihrer jeweiligen geistlichen Gabe versehen. Durch die leitenden Dienste innerhalb des Leibes Christi werden wir gelehrt und geführt, damit der Leib heranreift und zum Werk des Dienstes zugerüstet wird. Der leitende Dienst hilft uns in geistlicher, der Dienst der Hilfeleistung in praktischer Hinsicht, das zu erfüllen, wozu wir als Gemeinde berufen sind. Wir brauchen einander, und wir brauchen alle Dienste, damit wir Eph. 4,12 erfüllen können.

Das folgende Diagramm verdeutlicht die Struktur der Ortsgemeinde:

Die Struktur der Ortsgemeinde

Amt		Autorität	Funktion	Verantwortung
Pastor	LEITEND	leitende Autorität als oberster Ältester	Pastor/Lehrer, der versorgt, beschützt, nährt und leitet. Er rüstet die Heiligen zum Werk des Dienstes zu.	Göttlicher Lebensstil in der Leitung und im Dienst an der Ortsgemeinde.
Älteste		leitende Autorität, die ihnen vom Pastor übertragen wurde, dem sie sich unterordnen.	Sie üben einen ihnen anvertrauten Dienst aus, der dem des Pastors ähnelt, was die Führung und Leitung der Herde Gottes betrifft.	Göttlicher Lebensstil in der Leitung und im Dienst an der Ortsgemeinde.
Diakone	DIENEND	keine leitende Autorität im Sinne einer Gemeindeleitung.	Sie dienen dem Leib Christi in praktischer Weise.	Göttlicher Lebensstil im Dienst an der Ortsgemeinde.
Gemeindemitglieder	WERK DES DIENSTES	Keine leitende Autorität	führen das Werk des des Dienstes unter der Lehre und Leitung der fünffältigen Dienstgaben und Ältesten aus.	Göttlicher Lebensstil im Werk des Dienstes innerhalb und außerhalb der Gemeinde.

4.2 Der Pastor – die maßgebende Autorität

Der Psalmist hat als Leiter des Lobpreises die Autorität, Menschen durch seinen Dienst zu leiten, und viele werden seiner Anleitung folgen. Wir dürfen aber nicht außer acht lassen, daß er keine maßgebende Autorität ist. Der Psalmist ist gesalbt, um zu leiten, aber nicht im Sinne eines Pastors die Gemeinde zu führen. Der Dienst des Psalmisten ist außergewöhnlich: er leitet in Unterordnung zum Pastor einen Teil des Gottesdienstes, er hat jedoch niemals die Kontrolle über die Gemeinde und darf niemals versuchen, die Führung an sich zu reißen.

Es besteht ein Unterschied zwischen "leiten" und "Führung an sich reißen". Viele Psalmisten neigen dazu, die Leitung an sich zu reißen und bereiten deshalb ihren Pastoren oftmals Grund zur Besorgnis. Während ein Psalmist den Lobpreis leitet, sollte er sich stets bewußt sein, daß der Pastor, der an seiner Seite steht, um zu lehren, zu verwalten und zu führen, die größere Gabe, eine der fünf Dienstgaben, ist. Wenn ein Psalmist diese Einsicht gewonnen hat, werden die verschiedenen Dienstbereiche während eines Gottesdienstes wunderbar harmonieren. Der Umfang des Dienstes eines Psalmisten wird davon abhängen, wie sehr der Pastor seiner Integrität vertrauen kann. Es gibt nichts Schlimmeres für einen Pastor als einen Lobpreisleiter, dessen Motivation falsch oder dessen Unterordnung fragwürdig ist. Nichts kann für eine Gemeinde peinlicher sein, als die Uneinigkeit zwischen den beiden mitzuerleben.

Die Leiterschaft muß sich stets bewußt sein, daß Satan auf diesem Gebiet sehr aktiv ist und dieselben Taktiken anwenden wird wie damals, als er gegen Gott rebellierte. Er wird versuchen, Autorität zu untergraben. Ein einfaches Diagramm wird diesen "Luzifergeist", wie ich ihn nenne, verdeutlichen:

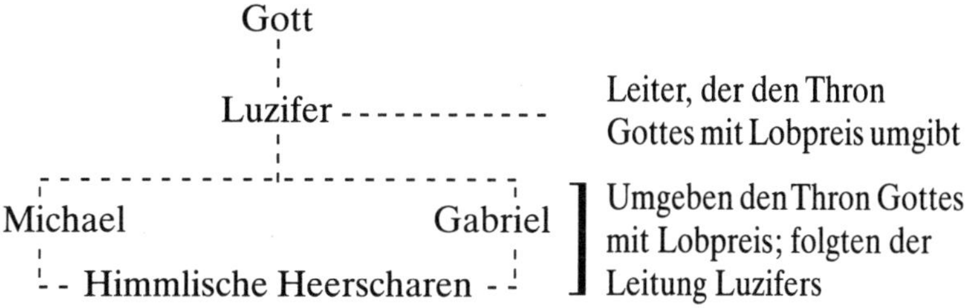

In Hes. 28,14 lesen wir, daß Luzifer *'ein Gesalbter, ein schützender Cherub'* war. Die vorhergehenden Verse teilen uns mit, daß er eine musikalische Gabe empfangen hatte (Jes. 14,11). Sein musikalisches Talent war dazu bestimmt, den Thron Gottes mit Lobpreis zu umgeben. Die anderen beiden Engel Michael und Gabriel, von denen die Bibel spricht, folgten gemeinsam mit dem Rest der himmlischen Heerscharen Luzifers Leitung in der Anbetung. Der Schlüssel zum besseren Verständnis von Luzifers Stellung als Lobpreisleiter ist das Wort "gesalbt". Gott schuf Luzifer in Vollkommenheit, und Er salbte ihn. Durch diese Salbung unterschied sein Dienst sich von den anderen.

Luzifer leitete den Lobpreis der himmlischen Heerscharen. Sein Dienst hatte großen Einfluß. Der Psalmist hat heute dieselbe Position innerhalb der Gemeinde, doch er sollte im Gegensatz zu Luzifer niemals versuchen, Autorität an sich zu reißen. Luzifer versuchte auf Gottes Thron zu steigen und die Herrschaft zu übernehmen. Er versuchte der Herrscher des Himmels zu sein und von Gottes Thron aus in Ewigkeit zu regieren. Dieser Geist, der die von Gott gesetzte Autorität im Reich Gottes durch Musiker untergraben will, ist auch heute noch ein Feind der Gemeinde. Falls er irgendwo offenbar werden sollte, muß er sofort konfrontiert werden. Kein Pastor kann einen rebellischen Lobpreisleiter dulden, da dies zu einer Spaltung in der Gemeinde führen könnte und die einen dem Lobpreisleiter und die anderen dem Pastor nachfolgen würden. Pastoren, die anstelle von gesalbten begabten Musikern erlauben, die Aufgabe des Lobpreisleiters einzunehmen, laufen Gefahr, diesem Luzifergeist unbewußt Eintritt zu verschaffen. Eine solche Situation könnte entstehen, wenn ein Pastor, der die Bedeutung des Dienstes eines Psalmisten nicht erkannt hat, sich gezwungen fühlt, auf ein nur talentiertes Gemeindemitglied zurückzugreifen. Der Psalmist muß deshalb die Autoritätsordnung in der Gemeinde kennen und bereit sein, sich unterzuordnen. Er sollte stets seine Motivation für seine Handlungen während des Dienstes überprüfen und offen für die Führung des Pastors oder der Ältesten sein. Er sollte stets Zutritt zum Büro des Pastors haben, um dem Pastor sein Herz zu offenbaren. Zwischen den beiden sollte ein ständiger Austausch stattfinden, so daß jedes

Mißverständnis, jede Korrektur oder Anleitung eingehend besprochen werden kann. Zwei herausragende Eigenschaften des Lobpreisleiters sollten deshalb Demut und Unterordnung sein.

4.3 Der beste Freund oder der ärgste Feind des Pastors

Man sagt, daß der Lobpreisleiter entweder der beste Freund des Pastors oder sein ärgster Feind ist. Das kann durchaus der Wahrheit entsprechen, wenn wir verstehen, welch eine wichtige Rolle der Lobpreisleiter bei der Vorbereitung der Atmosphäre für den bevorstehenden Dienst am Wort spielt. Der Psalmist kann den Dienst des Pastors – die Predigt des Wortes oder die Manifestation der Geistesgaben, besonders bei den prophetischen Gaben – unterstützen. Menschen, die durch Lobpreis und Anbetung in die Gegenwart Gottes geführt werden, empfangen das Wort in dieser Salbung. Es gibt keine bessere Haltung als die des Lobpreises und der Anbetung, um das Wort Gottes zu empfangen oder zu predigen. Gott selbst brachte Mose ein Lied bei (das Wort) mit dem Auftrag, es dem Volk noch am selben Tag mitzuteilen (5. Mose 31 und 32).

Wenn wir glauben, daß in der neutestamentlichen Gemeinde der Musikdienst und besonders der Dienst des Psalmisten eine biblische Grundlage hat, so wissen wir, daß der Herr selbst Sein Wort bestätigen wird. Die Aufgabe des Pastors ist, seinen Glauben dafür einzusetzen, daß Psalmisten und Musiker zum Dienst in die Gemeinde kommen werden. Die Bibel sagt, daß wir aus Mangel an Erkenntnis zugrunde gehen; doch es ist vor Gott wohlgefällig und Sein Wille, daß wir im Glauben nach der Erkenntnis, die wir empfangen haben, handeln. Ich habe mit einigen Pastoren gesprochen, die zwar nichts gegen einen Psalmisten in ihrer Gemeinde einzuwenden hätten, aber auch nicht dafür beten. Sie wollen sich nicht im Glauben nach dem Dienst eines Psalmisten ausstrecken und so lange ausharren, bis sie ihre Gebetserhörung sehen. Gerade in dieser Zeit ist der Dienst gesalbter Psalmisten und Musiker in den Gemeinden überall auf der Welt unbedingt erforderlich, damit sie dazu beitragen können, die Weissagung über die Wiederherstellung der Stiftshütte Davids zu erfüllen. Wir sollten diesem Dienst der Hilfeleistung einen höheren Wert beimessen, als wir es in der Vergangenheit getan haben.

Der Musikdienst spielt bei jeder Erweckung eine entscheidende Rolle, und ebenso werden Lobpreis- und Anbetungslieder dazu beitragen, den Strom der Erweckung weiterzutragen. Jesus kehrt zu einer von Lobpreis erfüllten Gemeinde zurück, denn etwas Geringeres würde der herrlichen Gemeinde der Endzeit nicht entsprechen.

4.4 Der Einfluß des Psalmisten auf den Gottesdienst

Die Gemeinde empfängt gewöhnlich zuerst vom Dienst des Psalmisten. Er sollte deshalb Unterscheidungsvermögen besitzen, um den Boden für den nachfolgenden Dienst des Pastors oder Leiters vorzubereiten. Er sollte fähig sein, den Plan des Heiligen Geistes für den Gottesdienst zu erkennen. Durch sein geistliches Unterscheidungsvermögen und das daraus resultierende Handeln kann er den weiteren Verlauf des Gottesdienstes beeinflussen. Der "Fluß des Geistes" in einem Gottesdienst wird durch die Vorarbeit eines gesalbten Psalmisten entscheidend geprägt. Je nach Inspiration des Heiligen Geistes führt er entweder in geistliche Kriegsführung, oder er facht die Freude am Herrn in den Herzen der Gläubigen an.

Die Beziehung zwischen Pastor und Psalmist muß völlig auf gegenseitigem Vertrauen gegründet sein. Die Zeit, in der der Pastor und die Gemeinde gemeinsam in den Lobpreis eintreten, ist überaus wichtig, denn der Vater sehnt Sich in erster Linie nach unserer Anbetung und dann erst nach unserem Dienst.

4.5 Die Lobpreisleitung ist nicht unbedingt die Aufgabe des Pastors

Ein Pastor, der weder Musiker noch Sänger ist, hat nicht die Fähigkeit, den Lobpreis und die Anbetung zu leiten. Aufgrund seiner mangelnden musikalischen Begabung wird es ihm schwerfallen, den Lobpreis zu leiten. Auf der anderen Seite muß ein Pastor, der musikalisch begabt ist, nicht unbedingt von

Gott zum Lobpreisleiter berufen und gesalbt sein. Wenn durch unseren Dienst göttliche Frucht entsteht, erkennen wir, daß wir von Gott berufen und gesalbt sind.

Die frustriertesten Pastoren, die ich je getroffen habe, waren die, die den Lobpreis und die Anbetung leiteten, obwohl sie nicht die Salbung dafür hatten. Sie gaben sich zwar sehr viel Mühe, doch sie erzielten kaum Ergebnisse, denn sie waren nicht dafür gesalbt, und das Joch der Gebundenheit konnte nicht zerbrochen werden. Es wäre einem unmusikalischen Pastor natürlich möglich, den Gesang zu leiten, doch dies entspricht nicht dem Willen Gottes.

Diese Tatsache soll den Pastor nicht erschrecken, sondern ermutigen, dem Herrn für einen Mitarbeiter zu vertrauen, der für diesen Dienst gerufen und ausgerüstet ist. Für manche Pastoren, die diesen Mangel erkennen und im Glauben stehen, daß dieser Not begegnet wird, bedeutet das eine schwere Prüfung. Doch eigentlich ist es eine wundervolle Herausforderung und Möglichkeit, im Glauben zu wachsen! Wir müssen Gott für einen Dienst glauben, der nicht von jedem beliebigen ausgeführt werden kann, sondern nur von der von Gott dafür vorgesehenen Person. Wir vergessen sehr leicht, daß die Ortsgemeinde eigentlich Gott gehört und daß Er sich weit mehr als der Pastor selbst nach einem gesalbten Musikdienst in Seiner Gemeinde sehnt.

Der Teufel wird deshalb alles mögliche tun, um gesalbten Lobpreis in der Gemeinde zu verhindern; denn wenn die Heiligen in der Anbetung eins werden, muß er fliehen.

Jeder Pastor, in dessen Gemeinde es an Lobpreis mangelt, sollte anfangen, dem Herrn dafür zu vertrauen, daß sich himmlischer Lobpreis und Anbetung manifestieren wird, denn dies ist Gottes Wunsch und Wille für jede Ortsgemeinde.

4.6 Der Pastor soll den Psalmisten ermutigen, den Lobpreis zu leiten

Der Psalmist muß wie jeder andere Gläubige durch offene, vertrauensvolle Kommunikation pastoral betreut werden. Da der Pastor und der Psalmist eng zusammenarbeiten, wäre es töricht zu erwarten, daß sie während des Gottesdienstes in einem Strom der Einheit fließen, wenn sie nur fünf Minuten vor dem Gottesdienst kurz miteinander gesprochen haben. Der Pastor muß bereit sein, in den Lobpreisleiter und den Musikdienst im ganzen Zeit zu investieren, um zu dem gemeinsamen Ziel während des Gottesdienstes – der Anbetung – zu gelangen (2. Chron. 5,13).

Das Prinzip der Kommunikation, der Einheit und der Anbetung beinhaltet dieselbe geistliche Gesetzmäßigkeit, die beispielsweise auch beim Turmbau zu Babel (Gen. 11) in Kraft trat. In diesem Fall wirkte sie jedoch auf negative Weise, und Gott mußte Einhalt gebieten. Beachte, was Gott tat: Er verwirrte ihre Sprache, den Grundpfeiler ihrer Einheit und ihrer Götzenanbetung. Wenn zwischen dem Pastor und dem Psalmisten kein verbaler Austausch stattfindet, kann nur schwer ein gemeinsames Ziel erreicht werden, denn es ist der Wille des Herrn, daß auch in der Vorbereitung des Gottesdienstes Einheit herrscht. Viele Pastoren betreuen ihren Musikdienst nicht genug, denn sie sind der Meinung, es läge nicht in ihrer Verantwortung. Wenn dann allerdings die erbrachten Leistungen nicht ihren Erwartungen entsprechen, reagieren sie oft verärgert. Diese Einstellung degradiert jedoch den Gottesdienst zu einem buntgemischten Konzert, bei dem jeder seine eigene Vorstellung absolviert und der Pastor sozusagen die Stellung des Zeremonienmeisters einnimmt. Gott ist vielmehr daran interessiert, daß Pastor und Lobpreisleiter gemeinsam planen und beten und so das Ziel und die Vision der Gemeinde erreicht wird. Ebenso wie ein Psalmist sich seinem Pastor unterordnen sollte, sollte der Pastor hinter seinem Psalmisten stehen. Das Geheimnis liegt in der Zusammenarbeit. Jeder Partner leistet seinen Beitrag, und weder der Lobpreisleiter noch der Pastor ist der "Superstar"! Wenn der Psalmist vom Pastor gut betreut wird, wird er die ganze Gemeinde wunderbar in die Gegenwart Gottes führen.

4.7 Der Psalmist ist dem Pastor untergeordnet

Diese Unterordnung wird das Ergebnis der guten Beziehung und der pastoralen Betreuung sein. Der Psalmist muß Gottes Struktur der Ortsgemeinde erkennen und sich dem Pastor als Vorsteher der Gemeinde unterordnen. Wenn ihm Gottes Gemeindeverwaltung unbekannt ist, sollte ihn der Pastor darüber belehren. Solange die Kommunikation zwischen Pastor und Lobpreisleiter nicht abreißt, wird es dem Lobpreisleiter ein Leichtes sein, sich in völliger Unterordnung zu bewegen.

4.8 Harmonie zwischen Pastor und Psalmist

In jedem Gottesdienst sollte der Herr die Freiheit haben, sich durch den Heiligen Geist zu offenbaren. Das setzt voraus, daß der Pastor und der Psalmist hören, was der Sinn des Geistes ist, damit sie sich Seiner Führung und Leitung hingeben können. Das schließt jedoch nicht aus, daß sich der Pastor und der Psalmist nicht vorbereiten müssen; die Vorbereitung auf den bevorstehenden Gottesdienst sollte vielmehr unter der Leitung des Heiligen Geistes geschehen. Da der Lobpreisleiter normalerweise die erste Person ist, die im Gottesdienst unter der Salbung des Heiligen Geistes dient, ist er eine Schlüsselfigur.

Der Heilige Geist wird durch den Lobpreisleiter den Gottesdienst mit gesalbtem Lobpreis und Anbetung beginnen, bevor Er in eine andere Richtung lenkt. Wenn der Heilige Geist den Verlauf des Gottesdienstes nicht ändert, sollte keine abrupte Unterbrechung durch einen Menschen erfolgen. Wenn der Pastor mit der Salbung fließt und auf die Inspiration des Heiligen Geistes die Leitung vom Lobpreisleiter übernimmt, werden erstaunliche Resultate erzielt. Wir dürfen nicht vergessen, daß der Heilige Geist im gleichen Maße an der Verkündigung des Wortes Gottes wie am Lobpreis und an der Anbetung beteiligt ist. Wenn der Pastor und der Lobpreisleiter dem Heiligen Geist erlauben, in beiden Bereichen des Dienstes die Leitung zu übernehmen, werden die Auswirkungen unseres Dienstes göttlich sein.

Nachdem wir die Struktur, die Autorität, den Dienst des Pastors und seine Beziehung zum Psalmisten betrachtet haben, können wir den Psalmisten nun problemlos in den Rahmen und den Aufbau einer neutestamentlichen Gemeinde einfügen.

Kapitel 5

Der Psalmist im neuen Bund

---

5. Der Psalmist im neuen Bund

5.1 Die Stellung des Psalmisten in der neutestamentlichen Ortsgemeinde

Die nun gewonnene Erkenntnis über den Dienst des Psalmisten/Lobpreisleiters erleichtert es uns, ihn in die bereits beschriebene Gemeindestruktur des Neuen Testaments einzugliedern.

Im folgenden beziehen wir uns auf den Psalmisten, der regelmäßig in seiner Ortsgemeinde den Lobpreis leitet.

a) Er ist keine leitende Dienstgabe, sondern dem Pastor und den Ältesten unterstellt.

b) Er ist kein Diakon, dessen Aufgabenbereich die praktischen Dienstleistungen in der Gemeinde umfaßt.

c) Seine hohe musikalische Begabung zeichnet ihn aus.

d) Sein musikalisches Talent wird von einer göttlichen Salbung begleitet.

e) Seine Begabung wird in einer Leiterschaftsposition eingesetzt, um Menschen im Lobpreis und in der Anbetung zu leiten.

f) Die leitende Funktion des Psalmisten ist **ein Dienst der Hilfeleistung**, bei dem der Heilige Geist den Lobpreisleiter gebraucht, um den Gottesdienst in die von Ihm gewünschte Richtung zu lenken.

g) Er dient mit seiner gesalbten Gabe der Gemeinde, indem er sie im Lobpreis und in der Anbetung leitet. Sein Dienst entspricht nicht dem praktischen Dienst eines Diakons; er steht vielmehr in einem geistlichen Dienst des Lobpreises vor der Gemeinde, um Richtungsweisung zu geben und anzuleiten. Das bedeutet aber nicht, daß der Lobpreisleiter einen besseren oder höheren Stand hat als der Diakon. Seine Stellung unterscheidet sich lediglich hinsichtlich des Aufgabenbereichs von der des Diakons und erfordert ebensoviel Demut und denselben vorbildlichen, gottesfürchtigen Lebensstil.

5.2 Beschreibung des Psalmisten in der neutestamentlichen Ortsgemeinde

Der Psalmist/Lobpreisleiter ist ein Diener Gottes, der nicht in der Gemeindeverwaltung tätig ist, sondern mit seiner musikalischen und gesanglichen Begabung, sowie Feinfühligkeit für den Fluß des Heiligen Geistes den Menschen dient und sie zur Ehre Gottes unter der Leitung des Heiligen Geistes in den Lobpreis und die Anbetung führt.

5.3 Der reisende Psalmist

Es gibt viele Musiker und Sänger, die im Reisedienst stehen und zweifellos die Aufgabe eines Psalmisten im neuen Bund ausüben. Der Leib Christi muß diese Diener Gottes anerkennen und ermutigen, denn in vielen Gemeinden wird der Dienst des Psalmisten dringend benötigt. Im folgenden empfehle ich einige Richtlinien, wie dieser Dienst zur Ehre Gottes ausgeübt werden kann.

5.3.1 Unterordnung

Der Psalmist im Reisedienst sollte einer Ortsgemeinde angehören und vornehmlich von den Ältesten dieser Gemeinde ausgesandt werden. Empfehlungsbriefe sind eine enorme Starthilfe, wenn der Dienst des Psalmisten noch nicht bekannt ist. (Man kann von keinem Pastor erwarten, daß er einem unbekannten Psalmisten, der keine Empfehlung vorweisen kann, erlaubt, in seiner Gemeinde zu dienen.) Deshalb sollte ein Psalmist mit dem Segen der Ältesten seiner Ortsgemeinde ausgesandt werden, unter deren Autorität er steht. Dies dient zu seinem eigenen Schutz, denn wir sind alle aufeinander angewiesen und suchen bei der Leiterschaft, die von Gott eingesetzt ist, Rat und Hilfe. Ein Psalmist sollte unter der Autorität des Pastors der Ortsgemeinde stehen, die er besucht, wann immer es ihm möglich ist.

5.3.2 Dienst in Gottesdiensten einer Ortsgemeinde

Der Dienst des Psalmisten im Reisedienst offenbart sich in der Ortsgemeinde immer häufiger und stößt deshalb auch auf besseres Verständnis und höhere Anerkennung. Hier ist nicht von einer Person die Rede, die einige Lieder oder musikalische Stücke vorträgt, sondern von jemandem, der die Menschen als Psalmist, Sänger und Musiker in die Gegenwart Gottes führt.

Ich habe erlebt, wie sich die Gegenwart Gottes durch einen solchen Dienst manifestiert und der Herr den Nöten aller Anwesenden begegnete. Während Sein Wort im Lied verkündet wurde, erwiesen sich die Gaben der Heilungen, und Menschen wurden von neuem geboren. Während in der gastgebenden Gemeinde so gedient wird, sollte der Psalmist bereit sein, den Gaben des Geistes Raum zu geben, die in der Ortsgemeinde offenbar werden. Dies wird natürlich nur dann geschehen, wenn die Leiter der entsprechenden Gemeinde bereit sind, mit dem Psalmisten zu fließen. Die Gemeindemitglieder können auf diese Weise sehen, daß die Leiter der Ortsgemeinde diesen wichtigen Dienst anerkennen. Diejenigen geistlichen Leiter hingegen, die sich während des Dienstes des Psalmisten zurücklehnen und nicht einmal erwarten, daß ihre Mithilfe notwendig sein kann, werden die Versammlung unversehens in einen Unterhaltungsabend abgleiten lassen. Der Psalmist ist dann der Alleinunterhalter, und der fünffältige Dienst, die Ältesten und die Gemeinde sind das Publikum. Ich beziehe mich hier natürlich auf Gottesdienste und nicht auf "Konzerte".

5.7 Der Psalmist im Konzert

Es ist auch möglich, daß Gott ein Konzert zum Dienst benutzt. Hier sind einige Anleitungen für eine derartige Veranstaltung:

1. Die Beweggründe des Psalmisten müssen aufrichtig und das Konzert von Gott angeordnet sein. Wenn wir der Schrift in Johannes 16 glauben, daß der Heilige Geist uns in alle Wahrheit führt, so müssen wir auch glauben, daß Er uns zu einem Konzert inspirieren und uns dessen Verlauf und Inhalt mitteilen wird.

2. Das Ziel des Psalmisten muß sein, durch sein Talent Gott und nicht sich selbst zu verherrlichen. Ein Konzert ist eine ausgezeichnete Gelegenheit, entweder Gott durch den Dienst oder sich selbst durch sein Talent zu verherrlichen. Für den Psalmisten ist es also ein wahrer Prüfstein, denn er wird den Applaus des Publikums ernten, doch er sollte die Ehre, die ihm durch seinen Dienst zuteil wird, Gott zukommen lassen und sie niemals wegen seines Talents für sich in Anspruch nehmen. In diesem Fall ist der Konzertsaal kein Ort, an dem irgendein Mensch gefeiert wird, sondern er wird zu dem Ort, wo Gott für Sein Wirken in und durch Menschen geehrt wird. Wir können einem Menschen, durch den und an dem Sich Gott offensichtlich erweist, ermutigen, indem wir Gott, aber niemals dem Menschen Beifall zollen. Die größte Anerkennung für einen Diener Gottes ist, daß die Gemeinde erkennt, daß Gott Sich durch ihn zu Seiner Ehre offenbart. Dies allein sollte der Grund für jeglichen Beifall im Verlauf eines Konzertes zur Verherrlichung Gottes sein.

Kapitel 6

Die Struktur des Musikdienstes im alten und neuen Bund

6. Die Struktur des Musikdienstes im alten und neuen Bund

Dieses Buch beschäftigt sich zwar mit dem Dienst des Psalmisten, es ist jedoch trotzdem notwendig, den Musikdienst im allgemeinen kurz zu betrachten, um so Gottes Willen in bezug auf Musik im neuen Bund zu erkennen. Wir haben gesehen, welchen Platz der Psalmist in der neutestamentlichen Gemeinde einnimmt, doch selbst innerhalb des Musikdienstes des Alten Testaments gibt es eine gottgegebene Struktur, von der wir meiner Meinung nach als neutestamentliche Gemeinde profitieren können.

Diese Struktur resultiert aus der Offenbarung, die David über den Musikdienst empfangen hatte. Nie zuvor hatte es etwas Vergleichbares gegeben, und niemandem außer David wurde diese neue Dimension des Lobpreises und der Anbetung je offenbart. Der Gottesdienst im Tempel wurde genau nach den Anweisungen gestaltet, die David durch die Propheten Gad und Nathan vom Herrn bekommen hatte (2. Chron. 29,25).

Die besonderen Einzelheiten des Musikdienstes, die Gott David mitteilte, zeigen uns seinen göttlichen Wert. Es handelte sich hierbei nicht um einen unbedeutenden Dienst, der auf beliebige Weise ausgeführt werden konnte; es war vielmehr ein von Gott eingesetzter Dienst der Vortrefflichkeit, der mit Sicherheit ein wichtiger Teil des Geschehens in der alttestamentlichen Stiftshütte war. Diejenigen, die ausersehen waren, im Lobpreis zu dienen, hatten eine hohe Berufung von Gott. Diese Kennzeichen werden sich niemals ändern, und wir müssen sie auch im Musikdienst des neuen Bundes voraussetzen.

Struktur des Musikdienstes im Alten Testament

Funktion	Person			Schriftstelle
Prophet, König Priester, Psalmist		David		Apg. 2,29-30 2. Sam. 2,1-4 1. Sam. 23,1
Lobpreis- leiter, Lehrer		Kenanja		1. Chron. 15,22
Oberste Musiker, Sänger und Propheten	Asaph	Heman	Jeduthun (Etan)	1. Chron. 15,9 3 Gruppen- leiter
Musiker (2. Ordnung)	6 "Harfe nach der Oktave"	8 "Psalter, nach der Jungfrauenweise"	7 Trompeten	1. Chron. 15,20-21,24 21 Gruppen- leiter
	4 Söhne (Asaphs)	14 Söhne (Hemans)	6 Söhne (Jeduthuns)	1. Chron. 25,1-6
Sänger (3. Ordnung)	48 Sänger (4 Gr. à 12)	168 Sänger (14 Gr. à 12)	72 Sänger (6 Gr. à 12)	= 288 Sänger = 24 Gruppen 1. Chron. 25,7
Sänger und Musiker (4. Ordnung)		Auszubildende Musiker/Sänger etwa 4000		1. Chron. 23,5

Für unser Studium ist es wichtig, anhand dieses Diagramms zu sehen, wer welche Autorität hatte und wie die Verantwortung verteilt war. Das folgende Schema wird uns helfen, dies zu verstehen.

Die Struktur des Musikdienstes im Alten Testament Autorität/Verantwortung

Name	Position	Autorität	Verantwortung
David	König der Nation	über das ganze Volk	von Gott erwählt, um das Volk zu führen
Kenanja	Oberster der Leviten Lobpreis-leiter	über alle Leviten: Sänger und Musiker	Aufsicht und Lehrer aller Sänger und Musiker
Asaph	oberster Musiker (1. Ordnung), Prophet, Sänger	über alle Sänger und Musiker unter der Leitung von Kenanja	Musikalische Arrangements und allgemeine Aufsicht über die Musik in der Stiftshütte Davids auf dem Berg Zion
Heman und Jeduthun	oberster Musiker (1. Ordnung), Propheten, Sänger	in derselben Weise wie Asaph	genauso wie Asaph (oder sehr ähnlich) in der Stiftshütte des Mose bei Gibeon
Sacharja, Asiel, Semiramot, Jehiel, Unni, Eliab, Maaseja, Benaja, Mattitja, Eliphelehu, Mikneja, Obed-Edom, Jechiel, Asasja, Sebanja, Josaphat, Nethaneel, Amasai, Amasai, Sacharja, Benaja, Elieser	Musiker und Sänger (2. Ordnung)	hatten offensichtlich mehr Autorität als die übrigen Musiker und Sänger wegen ihres Rangs als "Musiker der 2. Ordnung"	Singen und Spielen von Instrumenten
Die Namen der 24 Leiter sind in 2. Chron. 25,1-8 aufgelistet.	Sänger und Musiker (3. Ordnung)	Qualifiziertere Sänger aus der allgemeinen Gruppe der levitischen Sänger. Sie hatten wahrscheinlich Autorität über die übrigen Sänger und wurden eingesetzt, um diese auszubilden.	Singen war wohl ihr hauptsächlicher Einsatzbereich, da sie wegen ihrer gesanglichen Begabung ausgewählt wurden.
ca. 4000 Sänger, deren Namen in der Schrift nicht erwähnt werden	Sänger und Musiker (4. Ordnung)	Sie wurden in Musik und Gesang unterrichtet	Singen und Spielen von Instrumenten

Wenn wir diese Aufstellung auf die neutestamentliche Ortsgemeinde übertragen, erhalten wir eine vereinfachte Form, die dem Aufbau des Musikdienstes, wie ihn David einführte, entspricht:

Das neutestamentliche Äquivalent der Ortsgemeinde zu Davids Aufbau des Musikdienstes		
David	=	*Pastor*
Kenanja	=	*Lobpreisleiter*
Asaph, Heman und Jedutun	=	*oberste Musiker*
Sänger & Musiker	=	*Sänger & Musiker*

Bevor wir die Bedeutung des Lobpreisleiters, des musikalischen Leiters, der Sänger und Musiker im neuen Bund studieren, müssen wir hinsichtlich der Stellung des Pastors in diesem Gefüge beachten, daß der Pastor Teil dieser Gliederung ist, weil er in gewisser Hinsicht eine ähnliche Stellung wie David hat:

1. Der Pastor ist die höchste Autorität und dem Musikdienst übergeordnet.
2. Der Pastor muß eine Offenbarung über Lobpreis und Anbetung haben, um als Leiter mit dem Musikdienst harmonieren zu können.
3. David leitete den Lobpreis und die Anbetung nicht selbst. Seine Aufgabe war vielmehr, die Übersicht zu haben und die Verantwortung zu tragen. Dies trifft gleichermaßen auf die Pastoren zu, die (im Gegensatz zu David) keine musikalische Begabung haben, aber trotzdem den Musikdienst beaufsichtigen und pastoral betreuen.

Kapitel 7

Der Lobpreisleiter in der neutestamentlichen Ortsgemeinde

7. Der Lobpreisleiter in der neutestamentlichen Ortsgemeinde

In unserem Schema haben wir Kenanja aus dem einfachen Grund mit dem Lobpreisleiter des neuen Bundes gleichgesetzt, weil er der Leiter aller Instrumentalisten und Sänger war. Der "Kenanja unserer Tage" hat dieselbe Stellung in der Ortsgemeinde und ist dafür verantwortlich, daß stets ein hoher Standard sowohl des geistlichen Lebens als auch der musikalischen Darbietung aufrechterhalten bleibt. Obwohl wir unter einem besseren Bund leben, sollte der Lobpreisleiter die bereits erwähnten Eigenschaften eines Psalmisten aufweisen und die Charakterzüge Kenanjas haben. Wir könnten die Prinzipien des Musikdienstes und die Wahrheiten des Alten Testaments vorschnell mißachten, wenn wir sagen: "Wir können Kenanja nicht als Beispiel nehmen, denn wir sind ja Heilige des Neuen Testaments!" Das wäre töricht, denn Gott möchte, daß wir in den gesalbten Dienern des Alten Testaments Vorbilder sehen – deren Dienste wir aufgrund unserer neutestamentlichen Dimension des Geistes und der Wahrheit noch übertreffen können.

Der Aufbau des Musikdienstes im Alten Testament wurde nicht schriftlich festgehalten und überliefert, um uns erneut unter das Joch des Gesetzes zu bringen, sondern um uns eine Richtlinie zu geben. Der Lobpreisleiter des neuen Bundes wird wie Kenanja gewisse Qualitäten und Begabungen aufweisen – oder zumindest ein entsprechendes Niveau anstreben.

7.1 Der Name "Kenanja"

"JAH hat gepflanzt" oder "der Herr hat eingesetzt".

KENANJA bedeutet also: "jemand, der von Gott gepflanzt oder eingesetzt wurde" und ist folglich ein Diener, der von Gott zugerüstet und eingesetzt wurde. Er kam also nicht nur in Frage, weil er talentiert war. Er war von Gott und für Gott in diese Position gestellt worden.

7.2 Schriftverweise für Kenanja

1. Chronika 15, 22 (rev. Elberfelder)
22 Und Kenanja war der Oberste der Leviten beim Anstimmen des Gesanges; er war Unterweiser beim Anstimmen, denn er verstand sich darauf.

Wenn wir einige Worte dieser Schriftstelle im Hebräischen betrachten, werden wir einen tieferen Einblick in seinen Dienst bekommen.

DER OBERSTE: Er wurde als Oberster der Leviten bezeichnet. Dieses Wort stammt vom hebräischen "SAR" ab: "ein Haupt, Statthalter, Aufseher, Meister, Verwalter". Er war für alle Mitwirkenden im levitischen Musikdienst verantwortlich.

GESANG: Mit Gesang ist hier prophetisches Singen gemeint. Das hebräische "MASSA" bedeutet: "eine prophetische Rede im Lied überbringen".

UNTERWEISEN: hebräisch "YASAR" bedeutet: "mit Worten züchtigen". Sein Dienst der Unterweisung bestand offensichtlich darin, zu korrigieren und zu disziplinieren, indem er durch den Musikdienst die Richtlinien aufzeigte und für deren Befolgung sorgte.

ER VERSTAND SICH DARAUF: hebräisch "BIN" bedeutet: "geistig unterscheiden und verstehen, geschickt, fleißig, redegewandt, intelligent, ein Auge für etwas haben, umsichtig, klug, besonnen sein". Er war ein Mann, der sich nicht nur auf seinen

Dienst verstand, sondern ihn auch ernstnahm.

1. Chronika 15, 27 (rev. Elberfelder)
27 ...und Kenanja, der Oberste beim Anstimmen des Gesangs der Sänger;

Aus dieser Schriftstelle erfahren wir nicht mehr über Kenanja, als wir bereits wissen. Das Wort "Oberster" ist sowohl in dieser als auch in der vorhergehenden Schriftstelle dasselbe hebräische Wort.

Wir können deutlich erkennen, daß der Dienst des modernen Psalmisten/Lobpreisleiters als begabter Leiter feinfühlig für den Heiligen Geist ist. Als weiteren Punkt bei unserem Vergleich zwischen Kenanja und dem Psalmisten/Lobpreisleiter des neuen Bundes möchte ich noch herausstellen, daß er von Gott in diesen Dienst eingesetzt wurde. Der Lobpreisleiter im neuen Bund muß *von Gott* zugerüstet, gesalbt und eingesetzt sein. Wie ich bereits erwähnt habe, müssen Pastoren dem Herrn für solche Menschen glauben, und Er wird sie ihnen zur Seite stellen. Viele Gemeinden leiden darunter, daß die Gemeindeleitung "Kenanjas" eingesetzt hat, die Gott nie berufen hat. Die Gemeinde hat einen Mangel an diesem Dienst, weil sie seine Bedeutung nicht erkennt oder einfach nur darauf wartet, daß die Psalmisten irgendwann aus dem Nichts auftauchen. Doch wir müssen unseren Sinn erneuern und unseren Glauben dafür einsetzen, daß der Herr gesalbte Musiker wie Kenanja zurüstet und in unseren Gemeinden einsetzt.

7.3 Was war Kenanjas herausragendste Eigenschaft?

Er leitete und unterrichtete Gesang. Zweifellos war er auch ein Musiker, doch seine Stärke lag im Singen. Der Psalmist/ Lobpreisleiter im neuen Bund sollte ebenfalls im gesanglichen Bereich dienen, um die Menschen anzuleiten. Das bedeutet nun nicht, daß ein Pianist oder ein Gitarrist die Aufgabe eines Lobpreisleiters nicht erfüllen kann, doch es wäre bedeutend schwieriger für ihn, ohne singen zu können, diese Aufgabe auszuführen. Im Idealfall singt der Psalmist in erster Linie und spielt außerdem ein Instrument. Er muß kein Instrumentalist sein, aber er sollte etwas von Musik verstehen und wissen, wie man Musiker anleitet. Der Lobpreisleiter muß nicht der leitende Instrumentalist sein, aber er sollte doch den Gesang leiten. Am besten ist es, wenn er sowohl ein guter Sänger als auch ein guter Musiker ist.

Kapitel 8

Der musikalische Leiter in der neutestamentlichen Ortsgemeinde

---

8. Der musikalische Leiter in der neutestamentlichen Ortsgemeinde

Es gab drei leitende Musiker oder "oberste Musiker", namens Asaph, Heman und Jedutun, die wir alle einzeln betrachten werden. Sie hatten scheinbar alle dieselbe Autorität, doch eine bestimmte Schriftstelle weist darauf hin, daß Asaph der "erste" von ihnen war (1. Chron. 16,5; "erster", hebräisch ROSCH). Wir lesen außerdem, daß David Asaph den Dankespsalm am Einweihungstag übergab, als die Bundeslade zum Berg Zion zurückgebracht wurde.

An dieser Stelle ist es sehr wichtig, daß wir erkennen, welche Position und Aufgabe der musikalische Leiter im Neuen Testament hat. Er ist in der Struktur des Musikdienstes "Kenanja" (Lobpreisleiter/Psalmist) untergeordnet, der wiederum in Unterordnung zum Pastor und den Ältesten steht. Er ist außerdem der Leiter der übrigen Musiker, besonders auch im Bereich der musikalischen Arrangements. Beachte diese Schriftstelle:

1. Chronika 16, 7
7 Zu derselben Zeit ließ David vor allem dem Herrn danken durch Asaph und seine Brüder...

1. Chronika 16, 7 (King James)
7 Dann, an jenem Tage, übergab David als erstes diesen

Psalm, um dem Herrn zu danken, in die Hand Asaphs und seiner Brüder.

Asaphs Aufgabe war es, die anderen Musiker anzuleiten. Dieser Dienst sollte in der neutestamentlichen Gemeinde vertreten sein. Er sollte von jemandem ausgeführt werden, der den Lobpreisleiter unterstützt, indem er die Musiker bei ihren Musikstücken und Instrumentalkompositionen betreut. So würde er den Lobpreisleiter, der die Verantwortung für alles trägt, erheblich entlasten.

Das Delegieren verschiedener Aufgaben ist der Schlüssel zu einem effektiven Musikdienst, was wir auch ganz eindeutig anhand des Aufbaus des Musikdienstes nach Davids Muster erkennen. Wenn ein Lobpreisleiter den Eindruck hat, er könne sowohl als musikalischer Leiter als auch als Chorleiter bzw. Leiter der Sänger fungieren und dabei noch die Gesamtverantwortung tragen, kann und wird ihn selbstverständlich nichts davon abhalten, dies zu tun.

Während wir im folgenden die Namen der obersten Musiker einzeln betrachten, wird uns auffallen, daß sie ihre Namen auf Gottes Inspiration hin erhielten, um uns einen Einblick in den Dienst dieser obersten Musiker zu vermitteln.

8.1 Asaph

Hebräisch ASAPH – Die Bedeutung dieses Namens ist "Sammler".

Asaph hatte die besondere Fähigkeit zu versammeln, zusammenzubringen. Darin ist meiner Ansicht nach die Fähigkeit eines gesalbten Musikers zu sehen, der Menschen in Einheit zusammenführt.

8.2 Heman

Hebräisch AEMUN oder AEMUNAH. Die Bedeutung dieses Namens ist "Treue, oder jemand, der treu ist". Man nimmt an, daß dieses Wort von AMAN abstammt: "bauen, unterstützen, pflegen (wie Eltern oder Krankenschwestern es tun); übergeben, fest oder treu sein, vertrauen oder glauben, beständig oder ruhig sein; ehrlich oder aufrichtig sein".

Hier wird jemand beschrieben, der beständig treu ist wie Pflegeeltern, die ein Kind freiwillig, aus Liebe, aufgenommen haben. Heman war als Musiker gewiß stets treu darin, den Herrn zu preisen und andere zum Lobpreis Gottes zu ermutigen.

8.3 Etan (Jedutun)

In anderen Übersetzungen trägt dieser Musiker auch den Namen Jedutun (1. Chron. 6,44). Wir werden die Bedeutung beider Namen studieren.

Hebräisch "AETAN" bedeutet "beständig" und ist eine Ableitung des Wortes für "fortfahren, Ausdauer, hart, mächtig, Stärke und stark". Diese Begriffe beschreiben jemanden, der ein beständig starker Leiter ist.

Hebräisch "YeDUWTHUWN" – "lobend"; verwandt mit "JADAH" (preisen, rühmen, befehlen), einem der machtvollsten hebräischen Worte für "Lobpreis".

In diesen beiden Namen erkennen wir jemanden, der fortwährend den Herrn preist.

8.4 Die Musiker und die prophetische Salbung

Die Schrift zeigt auf, daß diese talentierten Musiker auch Seher oder Propheten waren (1. Chron. 25,1-3; 2. Chron. 29,30; 2. Chron. 35,15). Das will nun nicht heißen, daß die Musiker im neuen Bund Propheten sein müssen, aber sie sollten mit der prophetischen Salbung vertraut sein, wie wir an Kenanjas Dienst sehen können. Die folgende Zusammenfassung wird uns aufzeigen, daß der prophetische Dienst oftmals durch gesalbten Musikdienst gefördert wird.

1. Die obersten Musiker zur Zeit Davids waren alle Propheten (2. Chron. 29,30; 2. Chron. 35,15).

2. Sie weissagten zum Spiel ihrer Instrumente (1. Chron. 25,1-3).

3. Der Prophet Elisa verlangte nach einem Saitenspieler, dann erst weissagte er (2. Kön. 3,15). Als der Musiker spielte, wurden die prophetischen Worte Elisas freigesetzt. Das heißt nun nicht, daß ein Prophet grundsätzlich von der Musik abhängig ist, aber doch sollte der unterstützende Einfluß des Musikdienstes auch beim prophetischen Amt im neuen Bund erkennbar sein.

4. Ein Beispiel für den prophetischen Dienst inmitten der versammelten anbetenden Gemeinde ist Jehaziel, ein Sohn Asaphs, der die Befreiung des Volkes Gottes voraussagte (2. Chron. 20,14-17).

5. Die Bibel sagt in Offb. 19,10: *"Denn das Zeugnis Jesu ist der Geist der Weissagung"*. Die Bibel verkündet dies im Buch der Offenbarung, nachdem Johannes von einem Engel zurechtgewiesen wurde, weil er vor ihm niedergefallen war, um ihn anzubeten. In dieser Schriftstelle wird die Tatsache angedeutet, daß unser Zeugnis über Jesus der Geist der Weissagung ist.

Unser Lobpreis und unsere Anbetung sollen für jedermann sichtbar unser ganz persönliches Zeugnis von Jesus sein, und dies sollte noch viel mehr zum Ausdruck kommen, wenn wir Ihn in der Versammlung der Heiligen bezeugen. Ein prophetischer Strom in den Gottesdiensten wird gewiß von Jesus Zeugnis geben, wenn wir Seine Taten in der Vergangenheit, Gegenwart und Zukunft besingen. Preis sei Gott, daß wir im

Lied zukünftige Dinge mit derselben Gewißheit prophezeien können, wie wir über Vergangenes berichten. Wir singen mit derselben Zuversicht über das zweite Kommen des Herrn wie über Seine Auferstehung.

Kapitel 9

Musiker und Sänger in der neutestamentlichen Ortsgemeinde

---

9. Musiker und Sänger in der neutestamentlichen Ortsgemeinde

Die Gemeinde braucht gesalbte Musiker und Sänger, die außerdem talentiert sind. Beide Elemente sollten in ihrer Entwicklung gefördert werden, doch die Priorität muß in jedem Fall die Salbung sein und nicht das Talent. Wir dürfen niemals vergessen, daß der Vater im neuen Bund Anbeter sucht; deshalb ist es notwendig, daß wir auf diesem Gebiet in der Salbung wandeln. Dieser Gedanke mag vielleicht seltsam klingen, weil wir ja wissen, daß wir als Gläubige schon gesalbt sind, doch die Salbung muß freigesetzt werden. Nur durch Anbetung wird auch ein Musiker oder Sänger die Salbung zu seinem Musikdienst "entwickeln" und freisetzen können. Wenn dein Gesang oder deine Musik in deinen eigenen vier Wänden nicht "gesalbt" ist, wirst du auch in der Gemeinde nicht gesalbt sein. Und wenn du dich zu Hause nicht an deinem Instrument übst (in der Anbetung), wirst du auch in der Gemeinde keinen Erfolg haben. Deine Anbetung sollte zu Hause noch intensiver sein als in der Gemeinde.

Im folgenden werden einige Charaktermerkmale genannt, die Sänger und Musiker in der neutestamentlichen Gemeinde haben sollten.

9.1 Ausgewählt

Sie sollten aufgrund ihrer Dienstbereitschaft ausgewählt werden und nicht wegen ihres Talents. Ein Musikdienstmitarbeiter soll sowohl Talent als auch die Salbung aufweisen und nicht nur wegen eines dieser beiden Attribute, auf Kosten des anderen ausgewählt werden. Die Leiterschaft sollte ihre Wahl nach dieser Richtlinie treffen, weil dies in der Bibel begründet ist:

1. Chronika 15, Verse 16-17 u. 19
2. Chronika 25,18
1. Chronika 16,41
2. Chronika 29,25
1. Chronika 25,1
Nehemia 7,1
2. Chronika 20,21

9.2 Berufen

Musiker und Sänger können nicht aus eigener Entscheidung in den Musikdienst eintreten, oder weil sie vielleicht gute Beziehungen haben. Die Leiter der Gemeinde sollten ihre Berufung zum Musikdienst erkennen und sie lehren, wie wichtig ihre Treue im Dienst des Lobpreises und der Anbetung ist. Die Bedeutung des Wortes "berufen" im Alten Testament wird folgendermaßen übersetzt:

9.2.1 Hebräisch AMAD (1. Chron. 15,16-24; 2. Chron. 20,21): "stehen, fortfahren, wohnen, ausharren" usw.

9.2.2 Hebräisch NATAN (1. Chron. 16,4): "geben" – dies deutet darauf hin, daß ihnen der Dienst gegeben wurde, damit sie Gott dienen.

Musiker und Sänger müssen erkennen, daß sie dazu berufen sind, Gott zu "geben".

9.3 Ausgesondert

Hebräisch BADAL (1. Chron. 25,1): "trennen, unterscheiden, auswählen, aussondern, lösen". Die Bedeutung ist ganz klar – die Musiker und Sänger müssen dem Herrn geweiht sein und Ihm dienen. Sie waren mit einem weißen Leinen-Ephod bekleidet, dem Unterkleid des Hohenpriesters. Diese Bekleidung war ein Zeichen ihrer Aussonderung zum Dienst der Gerechtigkeit (1. Chron. 5,12; 1. Chron. 15,27; 2. Chron. 29,15; Neh. 12,30).

9.4 Belehrbar und geschult

Wir haben als Leiter nicht nur die Pflicht, diejenigen auszuwählen, die belehrbar sind, wir müssen sie auch unterrichten. Ein Musiklehrprogramm und regelmäßige Musikproben sollten Teil des Musikdienstes jeder Gemeinde sein (1. Chron. 25,1–7; 2. Chron. 23,13).

9.5 Belohnung

Im Alten Testament standen die Musiker im vollzeitlichen Tempeldienst (1. Chron. 9,22; 1. Chron. 9,26-33). Das bedeutet natürlich nicht, daß wir alle Musiker bezahlen sollten, aber dennoch sollten wir es in Betracht ziehen, den Lobpreisleiter je nach Anforderung des Dienstes vollzeitlich oder zumindest teilzeitlich einzustellen. Wir als Leiter sollten diese Punkte in der Schrift studieren und dann im Gebet die Antwort für unsere jeweilige Situation empfangen. Ein Musiker, der *erwartet*, für seinen Dienst bezahlt zu werden, ist mit Sicherheit nicht zum Mitarbeiter im Musikdienst geeignet. Auch hier gibt es ein Gleichgewicht.

Studiere außerdem Neh. 7,1,44,73; 10,28,39; 11,22-23; 12,28-47; 13,5,10.

Man könnte noch weitaus mehr über den Dienst der Sänger und Musiker oder Lobpreisleiter sagen, doch ich glaube, daß wir hiermit die wichtigsten Eigenschaften und Punkte zusammengestellt haben, die sowohl für Leiter als auch für Musiker und Sänger gleichermaßen von Bedeutung sind.

Kapitel 10

Talente und Dienste im neuen Bund

10. Talente und Dienste im neuen Bund

Dieses Kapitel ist für all diejenigen geschrieben, die zwar musikalisch talentiert sind, aber nicht im Musikdienst mitwirken. Jeder, der im Bereich der Musik dient, begann einmal mit seinem Talent, doch ganz gleich wie gering oder auch wie bedeutend dieses Talent war, entstand daraus nicht von selbst ein Dienst. Ein Talent muß zu einem Dienst entwickelt oder umgesetzt werden. Wir müssen unterscheiden zwischen einem Talent und einem Dienst, und wir werden beides getrennt voneinander betrachten.

10.1 Talent

Talente sind Gaben, die Gott Gläubigen und Ungläubigen gleichermaßen gegeben hat, und wir wissen, daß es viele talentierte Musiker und Sänger gibt, die keine Christen sind. Diese musikalische Begabung ist nicht ihr Verdienst, sie sind vielmehr mit dieser innewohnenden Kapazität oder Fähigkeit zur Welt gekommen. Nicht jeder hat diese Gabe. Wir müssen auch berücksichtigen, daß diejenigen, die musikalisch begabt sind, unterschiedlich große Talente bekommen haben, und ganz gleich wieviel jemand auch auf seinem Instrument üben oder seine Stimme ausbilden mag, er wird doch nie das Maß eines anderen erreichen. Wenn wir aber erkennen, daß die Salbung stets den Vorzug gegenüber dem Talent hat, werden wir nicht in einen Konkurrenzkampf geraten und uns aneinander messen. Die Salbung auf uns in Verbindung mit unserer Persönlichkeit ist einzigartig und zeichnet uns aus. Sie wird von Gott dazu gebraucht, das Joch der Gebundenheit durch unsere musikalische Gabe zu zerbrechen.

Das Talent allein ist in Gottes Reich nicht viel wert, denn es bewirkt überhaupt nichts. Ein musikalisches Talent, das im geistlichen Bereich nichts bewirkt, dient einzig und allein zur Unterhaltung. Als Gott Luzifer erschuf, schenkte Er ihm seine musikalische Ausstattung nicht zur Unterhaltung. Er versah ihn mit Dingen, die ihn befähigten, den Lobpreis und die Anbetung zu leiten. Dasselbe Prinzip gilt auch heute noch im Reich Gottes; Er hat uns musikalisches Talent gegeben, damit wir es zu Seiner Ehre einsetzen.

10.2 Talente müssen eingesetzt werden

In Matthäus 25 finden wir das Gleichnis von den Talenten. Zunächst einmal repräsentieren sie einen bestimmten Geldbetrag in Gold oder Silber. Wenn wir ab Vers 14 lesen, sollten wir jedoch folgende Punkte beachten:

Punkt 1: Talente werden gemäß der Fähigkeit zugeteilt

In Matth. 25,15 lesen wir, daß die Talente (Geldmünzen) entsprechend den unterschiedlichen Fähigkeiten der Knechte verteilt wurden. Es ist sehr aufschlußreich, hierzu einige andere Übersetzungen zu zitieren:

Wuest: "...jedem nach dem Maß seiner innewohnenden Fähigkeit."

Erweiterte Übersetzung: "...jedem im Verhältnis zu seiner persönlichen Fähigkeit."

Moffatt: "...jeder erhielt entsprechend seiner Fähigkeit."

Das griechische Wort für "Fähigkeit" ist "DYNAMIS": "Gottes Kraft oder Stärke, einschließlich der Kraft und Fähigkeit, Wunder zu wirken". Es ist auch die Fähigkeit gemeint, die jemand hat. Talente sind von Gott gegeben und in die einzelnen

Menschen gelegt. Es scheint, daß Er Talente entsprechend der Fähigkeit der Menschen, sie einzusetzen, austeilt. Für uns als Musiker ist es nicht so wichtig zu wissen, daß wir talentiert sind, sondern daß wir die Fähigkeit haben, das Talent einzusetzen und es nicht zu vergraben. Wir müssen unsere Talente einsetzen und dürfen gewiß sein, daß wir sie für das Reich Gottes zu Seiner Ehre gebrauchen können.

Wir müssen außerdem erkennen, daß jede Gabe von Gott kommt (Jak. 1,17) und wir deshalb verpflichtet sind, diese Gabe der Musik anzuwenden. Gott findet keinen Gefallen an einem Musiker oder Sänger, der seine Gabe nicht einsetzen will, weil er zu schüchtern oder zu beschäftigt ist. Keine der Gaben Gottes soll zurückgehalten werden, sondern sie soll für den Leib Christi gebraucht werden.

Punkt 2: Gott sieht die Talente an

In Apg. 10,34 lesen wir, daß Gott die Person nicht ansieht. Das ist natürlich wahr, aber Er sieht die Talente an. Es ist unwichtig, wie talentiert wir als einzelne sind, wichtig ist allein, was wir mit unseren Talenten tun. Beachte in den Versen 16-31:

- Der Mann mit den fünf Talenten setzte seine Talente ein und gewann fünf hinzu.
- Der Mann mit den zwei Talenten gebrauchte seine Talente ebenfalls und empfing noch zwei weitere.
- Der Mann mit dem einen Talent vergrub es und verlor so auch noch dieses eine.

Punkt 3: Das Prinzip des Einsetzens oder Verlierens

Der Meister sagt seinen Knechten in den Versen 21 und 23 jedesmal dasselbe. Sie werden gelobt, weil sie über Wenigem treu waren. Der Meister macht keinen Unterschied zwischen dem Knecht mit den fünf und dem mit den zwei Talenten. Sein Lob war, ungeachtet der Anzahl oder dem Maß der Talente, für beide gleich.

In den Augen des Meisters besteht kein Unterschied zwischen zwei und fünf Talenten, denn beidesmal nennt er sie "Weniges". Es geht hier also nicht so sehr um die Anzahl der Talente, sondern darum, was mit ihnen getan wurde. Sie sollten für ihren Herrn den größtmöglichen Gewinn daraus schöpfen.

Der Mann mit den meisten Talenten (fünf) in den Versen 28-29 hatte zuletzt mehr als doppelt soviele wie am Anfang: insgesamt elf, denn er bekam ja noch das Talent eines anderen dazu. Warum? Weil er alles eingesetzt hatte, was er besaß.

Wenn du das gebrauchst, was dir zur Verfügung steht, wirst du im Überfluß leben und schließlich noch mehr dazubekommen.

Wenn du hingegen dein Talent nicht gebrauchst, wirst du auch das noch verlieren, was dir gehörte.

Der Knecht mit den fünf Talenten befand sich vielleicht einmal in derselben Lage wie der Knecht mit dem einen Talent. Gott möchte auch dein Talent und deine Fähigkeit erweitern, wenn du das einsetzt, was Er dir geschenkt hat.

10.3 Talente sind nicht gesalbt

Ein Talent oder eine besondere Fähigkeit ist nicht um ihrer selbst willen von Gott gesalbt, und deshalb werden ihre Auswirkungen im Reich Gottes begrenzt sein. Talente sind vielmehr der Ausgangspunkt zu etwas Höherem. Gott möchte, daß wir unsere Talente entwickeln, um Ihn dadurch zu verherrlichen. Er wünscht Sich Musikdienste, die ihre von Gott verliehenen, musikalischen Begabungen einsetzen.

Ein musikalisches Talent ist uns gegeben oder angeboren und wir können es benützen, mißbrauchen oder ignorieren. Ein Musikdienst dagegen wird entwickelt, indem wir unser musikalisches Talent einsetzen.

Apostelgeschichte 10, 38
Beachte, es heißt nicht: Jesus von Nazareth, wie Gott... Ihm das Talent gegeben hat...
sondern:
38 Jesus von Nazareth, wie Gott ihn... gesalbt hat...

Jesus ging umher und tat Gutes durch die Kraft des Heiligen Geistes. Die Salbung zerbricht das Joch der Knechtschaft des Teufels und bringt Frucht für das Reich Gottes.

Lukas 4, 18
18 ...weil er mich gesalbt hat, ...frohe Botschaft zu verkünden...

Lukas 4, 32
32 ...denn er redete mit Vollmacht.

Ein Dienst wird immer von der "Kraft" begleitet werden, zu zerbrechen, wiederherzustellen, freizusetzen und zu heilen.

Mit anderen Worten: ein Dienst wird immer der Not der Menschen begegnen, ein Talent dagegen nicht.

Das Wort für "gesalbt" in den eben zitierten Schriftstellen ist "CHRIO": "mit Öl einreiben, geheiligt, absondern". Dieses Wort wird im Neuen Testament niemals in bezug auf weltliche Dinge gebraucht. Das hilft uns zu verstehen, warum Talente nicht gesalbt sind, sie sind nämlich sowohl Gläubigen als auch Ungläubigen gegeben.

Gott verleiht Talente zum Gebrauch, aber Er sondert Menschen zum Dienst aus (Er salbt sie).

10.4 Wenn ein Talent zu einem Dienst wird

An den folgenden Punkte werden wir erkennen, wann unsere Talente zum Dienst gesalbt worden.

1. Wenn du den Eindruck bekommst, daß dein Talent nicht einfach nur eine Tätigkeit ist, sondern Teil deiner Persön-

lichkeit. Es ist keine formale musikalische Vorführung mehr, sondern ein Ausdruck deines inneren Menschen in Form von Musik. Die Inspiration für deinen Gesang und dein Spiel kommen direkt aus deinem Geist.

2. Wenn du deine Aufmerksamkeit jedesmal auf Gott richtest, wenn du dein Talent einsetzt, so daß dein Talent nicht der Unterhaltung dient, sondern Gott verherrlicht und selbst deine Übungsstunden dem Herrn geweiht sind.

3. Wenn du dich danach sehnst, Wirkungen des Heiligen Geistes wie Heilungen oder Befreiungen zu erleben, und du anfängst, der Not der Menschen zu begegnen.

4. Wenn der Leib Christi nicht dein Talent bewundert, sondern die Frucht im geistlichen Bereich erkennt und Gott die Ehre dafür gibt.

Wenn du musikalisch talentiert bist, aber nicht den Eindruck hast, daß dein Talent bereits zum Dienst gesalbt ist, dann gib nicht auf! Gott möchte, daß sich dein Talent zu einem Dienst entwickelt, der der Not der Menschen begegnet und Ihn verherrlicht. Der Schlüssel ist jedoch, daß du das, was dir gegeben wurde, im Vollmaß für das Reich Gottes einsetzt. Wenn du das tust, werden sich die obengenannten Punkte bezüglich deines "Talents" einstellen.

Entdecke in der Schrift, wie sehr Gott uns ermutigt, unser Talent ungeachtet seiner Größe einzusetzen:

Matthäus 25, 21
21 Gut, du braver und treuer Knecht! Du bist über wenigem treu gewesen, ich will dich über vieles setzen, gehe ein zu deines Herrn Freude!

Gott sagt:
1. "Gut, du braver und treuer Knecht" – Er lobt uns.
2. "Ich will dich über vieles setzen" – Er befördert uns.
3. "Gehe ein zu deines Herrn Freude" – Er stärkt uns, indem wir zu Seiner Freude eingehen.

Wenn du dein Talent bestmöglich einsetzt, wird Freude und Erhöhung im Reich Gottes die Folge sein. Was immer du empfangen hast, gebrauche es für Gott, und du wirst nicht enttäuscht werden.

Schlußwort

Im Laufe der vergangenen Jahre bemerkte ich im Leib Christi einen großen Mangel an Erkenntnis über den Musikdienst. Es wurde ihm nicht die Anerkennung entgegengebracht, die er verdient. Ich sage dies nicht, um Musiker zu verherrlichen oder den Musikdienst überzubewerten.

Mein Herzensanliegen ist es mitzuteilen, was Gott mir in bezug auf die Gemeinde geoffenbart hat, die sich auf einen Bereich zubewegt, wo die Anbetung gemäß Johannes 4,23-24 zu einem Lebensstil wird. Ein Vorbote dieser Änderung hinsichtlich des Lebensstils der Anbetung innerhalb der Gemeinde ist Lehre.

Dieses Buch ist eines der ersten zum Thema Anbetung, und ich vertraue, daß es dir ein Segen sein wird.

In der Anbetung des Herrn

Tom Inglis